„Alles tun für die Heiligung der Priester"

Gott selbst wünscht nichts sehnlicher
als Gebet und Opfer für die Priester.

Haben wir diese, kommt alles andere von selbst;
fehlen diese, hilft alles andere auch nichts!
(Pius XI.)

www.tredition.de

© 2021 Rosa Hofer

Verlag und Druck: tredition GmbH, Halenreie 42, 22359 Hamburg

ISBN:
Paperback   978-3-7482-1212-6
Hardcover   978-3-7482-4156-0
e-Book   978-3-7482-1213-3

Inhaltsverzeichnis:

VORWORT

er Priester ist Ausspender göttlicher Geheimnisse und Sachverwalter der Gnaden Christi.
Gebet und Opfer befruchten das priesterliche Wirken und bringen Gottes Gnade. Diese Gnaden aber wollen erbetet und eropfert werden. Gott selbst wünscht nichts sehnlicher als Gebet und Opfer für die Priester.

Kein Apostolat, kein geistiges Priestertum ist daher mehr im Sinne Christi und der Kirche, keines ist notwendiger und unentbehrlicher, keines fruchtbarer, selbstloser und erhabener als dieses geistige Apostolat: im Dienste des Priestertums „Apostel der Apostel" zu sein.

Die heilige Kirche, die den mystischen Leib Christi darstellt und in den wir in der Taufe eingegliedert sind zu einer lebendigen Gemeinschaft mit Christus, tragen als Glieder füreinander Sorge! (1 Kor 12 f - l Kor 12,27)

Der Priester bringt für alle das heilige Opfer dar, spendet die heiligen Sakramente, erzieht die Jugend, verkündet das Wort Gottes. Er bedarf der Mithilfe aller Gläubigen.

Jeder Christ ist durch die Taufgnade zur Mithilfe und Mitwirkung verpflichtet, um so am Aufbau des mystischen Leibes Jesu Christi mitzuwirken! Der heilige Paulus schrieb an die Gemeinde in Thessalonich: „Liebe Brüder, betet für uns!" (1 Thess 5,25).

Diese Bitte des heiligen Paulus ist auch die inständige Bitte aller Priester: „Betet für uns". Den Betern kommt es zu, das Salz der Erde zu erhalten. Jesus selbst sagt:

7

„Wenn das Salz schal wird, womit soll gesalzen werden?" (Lk 14,34).

Uns Betern kommt es zu, das Salz der Erde zu erhalten. Wir bringen unser Gebet und Opfer für die Apostel des Herrn dar. Während sie durch Wort und Beispiel die Seelen unserer Brüder für das Evangelium zu gewinnen suchen, wollen wir an ihnen selbst Aposteldienste tun.

Für das Priestertum zu beten und zu opfern sind wir als Christen dem Priester und vor allem dem Hohenpriester Jesus Christus selbst schuldig; denn durch die Einberufung des Priestertums und durch die Spendung der heiligen Sakramente haben wir Zugang zu den göttlichen Geheimnissen und zu allen Gnaden.

Jeder Christ sollte daher nicht nur aus Verpflichtung, vielmehr aus übergroßer Dankbarkeit sich aufgerufen fühlen, das uns geschenkte Priestertum in seiner Tätigkeit durch Gebet und Opfer zu unterstützen.

Die Priester sind auserwählte Werkzeuge Gottes, sie stellen volle Gefäße dar, aus denen die Gläubigen die Gnaden schöpfen sollen. Danken wir Gott dafür und schließen wir unser Gebet in geistiger Mutterschaft unserer himmlischen Mutter MARIA an.

Rosa Hofer

O MARIA, ich grüße Dich durch das Herz
Deines lieben Sohnes, als die weiße Lilie
der Allerheiligsten Dreifaltigkeit.
Ich bitte Dich demütig, opfere Du dem ewigen Vater
jene kostbaren Blut- und Wassertropfen auf,
welche aus dem Herzen Jesu geflossen,
als ein Bittopfer, ER wolle der Kirche
viele und heilige Priester senden. Amen.

O Maria! Setze an die Stelle unserer sündigen Herzen
Dein Unbeflecktes Herz, damit der Heilige Geist
in uns wirken und Dein göttlicher Sohn in uns wachsen
kann. Erfülle unsere Bitte, Du große, Du getreue, Du aller
Gnadenvermittlerin.

Anrufungen

„Heiliger Vater, bewahre sie in Deinem Namen, die Du
mir gegeben hast! (Joh.17,11). Heilige sie in der Wahrheit.
(Joh. 17,17) Ich bitte nicht, dass Du sie von der Welt
wegnehmest, sondern, dass Du sie vor dem Bösen
bewahrest." (Joh.17,15)

(Gebet Jesu für seine ersten Priester)

Herr, sende Deiner Kirche heilige Priester
und eifrige Ordensleute!   (Pius XI.)

Herr, sende Arbeiter in Dein Erntefeld!

(Aus dem Missale)

Jesus, Erlöser der Welt, heilige die Priester und
die Diener Deines Heiligtums!   (Pius XI.)

Herr, Jesus Christus, schirme und schütze durch Dein göttliches Herz unseren Heiligen Vater, Papst N. N., die Bischöfe und alle Priester! Sei ihnen Licht und Stärke und Trost!

Maria, Königin des Priesterstandes, erflehe uns viele heilige Priester! (Pius XI.)

Maria, gute Mutter der Priester, segne, heilige und schütze sie!

Heiliger Pfarrer von Ars, heilige Theresia vom Kinde Jesu, heiliger Johannes von Nepomuk, bittet für sie!

Eucharistisches Herz Jesu, Muster und Vorbild des Priesterherzens, erbarme Dich unser!
(Teilablass-Stoßgebet)

Bitte eines Priesters:

O guter Jesus, lebe Du in mir, entzünde in meiner
Seele die lebendige Glut der Liebe zu Dir,
dass sie wachse zu loderndem Feuer,
dass sie brenne auf dem Altare meines Herzens,
dass sie durchglühe mein innerstes Mark,
dass sie entflamme die verborgenste Tiefe meiner
Seele! Am Tage meiner Vollendung lass mich dann
vor Dir vollendet erfunden werden, der Du mit dem
Vater und dem Heiligen Geiste lebst und als König
herrschest, Gott von Ewigkeit zu Ewigkeit. Amen.
(Hl. Augustinus)

Bitte eines Priesters:

Guter Jesus, hilf mir, ein Priester nach Deinem Herzen zu sein.

Herz Jesu, Du Opferlamm der Liebe, gib, dass ich eine lebendige, heilige, gottgefällige Opfergabe für Dich werde.

Weihegebet
vom hl. M. Grignion v. Montfort

Ich ... N. N. ... treuloser, sündiger Mensch, erneuere und bekräftige heute in Deine Hände, o Maria, mein Taufgelübde. Ich widersage für immer dem Satan, seiner Pracht und seinen Werken. Ich übergebe mich ganz JESUS CHRISTUS, der menschgewordenen Weisheit und will alle Tage meines Lebens in seiner Nachfolge mein Kreuz tragen (Mt. 16,24) und IHM treuer sein, als ich es bisher gewesen bin.
Ich erwähle Dich heute, o Maria, zu meiner Mutter und Königin und nehme Engel und Heilige zu Zeugen. Dir weihe und überlasse ich Leib und Seele, mit meinem materiellen und geistigen Besitz, mit dem Wert meiner guten Werke aus Vergangenheit, Gegenwart und Zukunft. Ich überlasse Dir das volle Recht, über mich und alles, was mir gehört, ohne Ausnahme, zu verfügen wie es Dir gefällt, zur größeren Ehre Gottes in Zeit und Ewigkeit. Amen.

T O T U S   T U U S

M A R I A

Priester-Rosenkranz

1. Jesus, durch die Verdienste Deiner Todesangst schenke uns viele seeleneifrige Priester.

2. Jesus, durch Deine schmerzhafte Geißelung schenke uns jungfräulich-reine Priester.

3. Jesus, durch Deine dich verhöhnende Dornenkrönung schenke uns demütige und gehorsame Priester.

4. Jesus, durch die Leiden Deines bitteren Kreuzwegs schenke uns geduldige und beharrliche Priester.

5. Jesus, durch Deinen furchtbaren Kreuzestod schenke uns viele marianische Priester.

(P. Johannes Schmid, Passionist)

Litanei für die Priester

V: Lasset uns beten für unsere Priester:

Gott Vater, Sohn und Heiliger Geist,
A: Wir bitten Dich, erhöre uns

Jesus unser Hoherpriester, Opfer und Lehrer, —

Segne unseren Heiligen Vater, unsere Bischöfe, unsere Priester, —

Gib ihnen die Fülle Deiner Gnade, die Liebe Deines

Herzens, den Opfergeist Deines Lebens, —

Mache sie standhaft im Glauben, rein und heilig im Wandel, treu im Dienste, —

Erfülle sie mit dem Eifer der Apostel, mit der Stärke der Märtyrer, mit dem Mut der Bekenner, —

Lass sie die Sünder bekehren, die Irrenden zurechtweisen, die Unwissenden lehren, —

Stärke sie mit Freude in ihren Arbeiten, mit Geduld in ihren Leiden, mit Ausdauer in ihren Kämpfen, —

Erhalte sie in der Liebe zu den Kleinen, im Eifer in der Erziehung der Jugend, in der Treue zu Volk und Vaterland, —

Segne ihre Worte auf der Kanzel, ihren Unterricht in der Schule, ihre Ermahnungen im Beichtstuhl und am Krankenbett, —

Bewahre sie vor den Versuchungen des bösen Feindes, vor den Nachstellungen gewissenloser Menschen, vor aller Gelegenheit zur Sünde, —

Mache uns mit ihnen eins im Glauben, treu im Gottesdienst, heilig im Leben, —

Schenke uns heilige Bischöfe, heilige Priester, heilige Missionare, —

O Du Lamm Gottes, Du nimmst hinweg die Sünden der Welt – verschone uns, o Herr.

O du Lamm Gottes, Du nimmst hinweg die Sünden der Welt – erhöre uns, o Herr.

O Du Lamm Gottes, Du nimmst hinweg die Sünden der Welt – erbarme Dich unser, o Herr.

Lasset uns beten:
Herr Jesus Christus, Sohn Gottes, Du hast gesagt: die Ernte ist groß und der Arbeiter sind wenige, bittet den Herrn der Ernte, dass er Arbeiter in seinen Weinberg sende. Siehe wir bitten Dich, vermehre die Zahl Deiner Priester, die mit apostolischem Eifer in Deinem Weinberg arbeiten.

Gib ihnen Dein Licht und Deine Gnade, die Ungläubigen und Irrgläubigen zu bekehren, die Schwachen zu festigen und Dein Reich auf Erden immer mehr auszubreiten.

Erfülle sie ganz mit Dir, mit Deinem Geiste und einer großen Liebe, auf dass sie von Glaubensgeist, Liebesglut und Seeleneifer entflammt nur Deine Ehre suchen, Deine Gnaden reichlich vermitteln und allen ihnen anvertrauten Seelen zu retten vermögen.

Lass Dir unsere Bitten wohlgefällig sein und schenke Erhörung. Der Du lebst und regierst von Ewigkeit zu Ewigkeit. Amen.

Kreuzwegandacht, um gute Priester zu erbitten

Barmherziger Gott! Aus Liebe zu Dir bereue ich alle meine Sünden; ich will mich bessern. In Vereinigung mit der schmerzhaften Mutter Maria opfere ich Dir nun diese Betrachtung des Leidens und Sterbens Jesu Christi auf, zur Sühne für meine Sünden und die Sünden der ganzen Welt. Insbesondere opfere ich sie Dir auf, um dadurch viele gute Priester und reichen Segen für das Wirken der Priester zu erbitten. Ich will auch alle Ablässe gewinnen, die die heilige Kirche für die Verrichtung der Kreuzwegandacht verliehen hat. Gott, hilf mir, diese Andacht gut zu verrichten. Amen.

1. Station
Jesus wird zum Tode verurteilt

V. Wir beten Dich an, Herr Jesus Christus, und preisen Dich.
A. Denn durch Dein heiliges Kreuz hast Du die ganze Welt erlöst.

V. Himmlischer Vater! Sieh Deinen vielgeliebten Sohn zum schmählichen Kreuzestode verurteilt um unserer Sünden willen! Habe Erbarmen mit uns!

A.   Göttlicher Heiland!   Um dieser Deiner Liebe willen, mit der Du das Todesurteil schweigend angenommen hast, segne die Priester, die um des heiligen Glaubens willen das Los der Verfolgung mit Dir teilen! Gib ihnen Kraft und Mut zum Leiden und befreie sie, wenn es zu Deiner größeren Ehre ist, aus ihren Bedrängnissen.

V. Gott, Heiliger Geist, Du Geist des Schweigens!
Um des Schweigens willen, das Jesus bei dieser
Station so heldendemütig geübt hat, gib allen
Priestern den Geist der Innerlichkeit und des
Schweigens, damit Du ungehindert in ihrer Seele wirken
kannst.

A. Maria, gute Mutter der Priester! Erflehe uns viele gute,
seeleneifrige Priester! Ja, erflehe uns viele heilige Priester
und Ordensleute! Amen.
(Nach jeder Station:) A: Vater unser... Ave Maria... Ehre...

2. Station:
Jesus nimmt das Kreuz auf seine Schultern

V. Wir beten Dich an, Herr Jesus Christus, und preisen
Dich.
A. Denn durch Dein heiliges Kreuz hast Du die ganze
Welt erlöst.

V. Himmlischer Vater! Sieh Deinen vielgeliebten
Sohn das Kreuz wegen unserer Sünden mit offenen
Armen umfangen. Habe Erbarmen mit allen Priestern,
auf denen das Kreuz großer Verantwortung lastet.

A. Göttlicher Heiland! Um dieser Deiner unbegreiflichen
Liebe willen, mit der Du das schwere Kreuz auf Dich
genommen hast, gib Du allen Priestern Deinen Segen,
Deine Gnade, alle inneren und äußeren Kreuze mit Mut
und Ergebung zu tragen.

V. Gott, Heiliger Geist. Du Geist des Starkmutes!

Um der Kreuzesliebe willen, die Jesus bei dieser Station geübt hat, gib allen Priestern große Kreuzesliebe, Leidensliebe, damit ihr äußeres Wirken umso mehr von Deiner göttlichen Gnade befruchtet werde.

A. Maria, gute Mutter der Priester! Erflehe uns viele gute, seeleneifrige Priester! Ja, erflehe und viele heilige Priester und Ordensleute. Amen.

3. Station:
Jesus fällt zum ersten Male unter dem Kreuz

V. Wir beten Dich an, Herr Jesus Christus, und preisen Dich.
A. Denn durch Dein heiliges Kreuz hast Du die ganze Welt erlöst.

V. Himmlischer Vater! Sieh Deinen vielgeliebten Sohn das erste Mal unter dem Kreuze zusammensinken! Habe Erbarmen mit allen ihr Amt neu antretenden Priestern, lass sie ob aller auftauchenden Schwierigkeiten in ihrer Berufstätigkeit nicht mutlos werden.

A. Göttlicher Heiland! Um dieses ersten, so schmerzlichen Fallen unter dem Kreuze willen, segne das Wirken aller Priester und Katecheten, denen die Jugend anvertraut ist.

V. Gott, Heiliger Geist, Du Geist des Eifers!
Belebe ihren Eifer, die Liebe zu den unsterblichen Seelen, besonders zu den Kinderseelen; gib ihnen Geduld und eine drängende Verantwortung.

A. Maria, gute Mutter der Priester! Erflehe uns viele neue Priester! Schenke uns gute seeleneifrige Priester. Ja, erflehe uns viele heilige Priester und Ordensleute! Amen.

4. Station:
Jesus begegnet seiner betrübten Mutter

V. Wir beten Dich an, Herr Jesus Christus, und preisen Dich.
A. Denn durch Dein heiliges Kreuz hast Du die ganze Welt erlöst.

V. Himmlischer Vater! Sieh die beiden von Dir so innig geliebten Herzen von bitterem Weh zerrissen! Habe Erbarmen mit den Priestern, die unter schweren Verfolgungen und Verleumdungen leiden müssen. Erbarme Dich unseres Heiligen Vaters, der Kardinäle, Erzbischöfe, Bischöfe und aller Priester.

A. Göttlicher Heiland! Um dieser Deiner Liebe willen, mit der Du Deiner liebsten Mutter begegnet bist, sei Du den armen, verkannten Priestern Trost und Kraft in ihren seelischen Leiden.

V. Gott Heiliger Geist, Du Geist der Gerechtigkeit! Lass allen verachteten, verspotteten, verfolgten und verleumdeten Priestern Gerechtigkeit widerfahren, bringe ihre Feinde zum Schweigen! Erhöhe, was Bosheit erniedrigt hat!

A. Maria, gute Mutter der Priester! Erflehe uns viele heilige Priester und Ordensleute! Amen.

5. Station:
Simon von Cyrene hilft Jesus das Kreuz tragen

V. Wir beten Dich an, Herr Jesus Christus, und preisen Dich.
A. Denn durch Dein heiliges Kreuz hast Du die ganze Welt erlöst.

V. Himmlischer Vater! Sieh Deinen vielgeliebten Sohn so sehr entkräftet, dass man Simon von Cyrene zwingen musste, Ihm das Kreuz tragen zu helfen. Habe Erbarmen mit dem Heiligen Vater, auf dem so große Verantwortung für die ganze Christenheit lastet.

A. Göttlicher Heiland! Um der Liebe willen, mit der Du selbst die erzwungenen Liebesdienste belohntest, segne den Heiligen Vater, erhalte ihn uns noch recht lange zum Segen für die ganze katholische Kirche.

V. Gott, Heiliger Geist, Du Geist der Weisheit!
Lenke durch den Stellvertreter Christi die ganze heilige Kirche, damit sie glorreich aus allen Stürmen hervorgehe.

A. Maria, gute Mutter der Priester! Erflehe uns viele gute, seeleneifrige Priester! Ja, erflehe uns viele heilige Priester und Ordensleute. Amen.

6. Station:
Veronika reicht Jesus das Schweißtuch dar

V. Wir beten Dich an, Herr Jesus Christus, und preisen Dich.
A. Denn durch Dein heiliges Kreuz hast Du die ganze Welt erlöst.

V. Himmlischer Vater! Sieh das Antlitz Deines vielgeliebten Sohnes von Blut, Wunden und Schlägen ganz entstellt! Habe Erbarmen mit den Priestern, die durch schwere Verirrungen Dein Bild, die heiligmachende Gnade, aus ihren Herzen gerissen haben.

A. Göttlicher Heiland! Um der Liebe willen, mit der Du den Liebesdienst Veronikas so reichlich belohntest, erbarme Dich aller Priester, die lau oder in großer Gefahr sind, ihrer erhabenen Berufung untreu zu werden.

V. Gott, Heiliger Geist, Du Geist des Lichtes! Erleuchte die verirrten Priester, damit sie durch Reue und Buße wieder den rechten Weg finden.

A. Maria, gute Mutter der Priester! Erflehe diesen Priestern die Gnade der Umkehr und Buße! Ja erflehe uns viele heilige Priester und Ordensleute! Amen.

7. Station:
Jesus fällt zum zweiten Male unter dem Kreuze

V. Wir beten Dich an, Herr Jesus Christus, und preisen Dich.
A. Denn durch Dein heiliges Kreuz hast Du die ganze Welt erlöst.

V. Himmlischer Vater! Sieh Deinen vielgeliebten Sohn zum zweiten Male unter der Last des Kreuzes zusammenbrechen! Habe Erbarmen mit allen Priestern, die mit Mutlosigkeit und Verzagtheit ringen.

A. Göttlicher Heiland! Um der Liebe willen, mit der Du Dich zum zweiten Male vom Sturze erhobst, um den Todesgang fortzusetzen, gib allen betrübten, seelisch zusammengebrochenen Priestern die Gnade, mit Vertrauen wieder aufzustehen und den Weg des göttlichen Willens zu gehen!

V. Gott, Heiliger Geist, Du Geist der Entschlossenheit! Richte auf, was darniederliegt, was krank, was geknickt und kraftlos ist.

A. Maria, gute Mutter der Priester! Erflehe uns viele gute, seeleneifrige Priester! Ja, gute Mutter, erflehe uns viele heilige Priester und Ordensleute! Amen.

8. Station:
Jesus tröstet die weinenden Frauen

V. Wir beten Dich an, Herr Jesus Christus, und preisen Dich.
A. Denn durch Dein heiliges Kreuz hast Du die ganze Welt erlöst.

V. Himmlischer Vater! Sieh Deinen vielgeliebten Sohn trotz all seiner Leiden noch weinende Frauen trösten! Habe Erbarmen mit allen Seelsorgern, Predigern und Beichtvätern.

A. Göttlicher Heiland! Um der Liebe willen, mit der Du die Frauen getröstet hast, gib den Priestern tiefes Verständnis, Mitleid, hilfreiche Liebe für fremde Not ins Herz, besonders für jene, die von schweren Seelenleiden heimgesucht sind.

V. Gott, Heiliger Geist, Du Geist des Trostes! Gib allen Priestern die Gnade: was gebrochen ist zu verbinden, was verloren ist zu suchen und was schwach ist zu festigen!

A. Maria, gute Mutter der Priester! Erflehe uns viele seeleneifrige Priester für die inneren und äußeren Missionen! Erflehe uns, gute Mutter, viele heilige Priester und Ordensleute! Amen.

9. Station:
Jesus fällt zum dritten Male unter dem Kreuze

V. Wir beten Dich an, Herr Jesus Christus, und preisen Dich.
A. Denn durch Dein heiliges Kreuz hast Du die ganze Welt erlöst.

V. Himmlischer Vater! Sieh Deinen vielgeliebten Sohn zum dritten Male erschöpft zu Boden sinken!
Habe Erbarmen mit allen Priestern, die in Gefängnissen oder unter glaubens- und sittenlosen Menschen die Seelsorge ausüben.

A. Göttlicher Heiland! Um des dritten so schmerzlichen Fallens willen, gib diesen Priestern Klugheit, Liebe und Geduld; gib, dass sie als gute Hirten die verlorenen Schäflein für Dich wieder gewinnen.

V. Gott, Heiliger Geist, Du Geist der Güte!
Senke in die Priesterseelen einen Strahl Deiner Güte, Deines Erbarmens, Deiner Liebe für die arme, tiefgesunkene Menschheit!

A. Maria, gute Mutter der Priester! Erflehe uns gute, weise und kluge Priester! Ja, erflehe uns viele heilige Priester und Ordensleute! Amen.

10. Station:
Jesus wird seiner Kleider beraubt

V. Wir beten Dich an, Herr Jesus Christus, und preisen Dich.
A. Denn durch Dein heiliges Kreuz hast Du die ganze Welt erlöst.

V. Himmlischer Vater! Sieh Deinen vielgeliebten Sohn, die ewige Schönheit, in qualvoller Weise all seiner Kleider beraubt. Habe Erbarmen mit jenen armen, über alles erbarmungswürdigen Priestern, die ihr Priesterideal von sich geworfen haben.

A. Göttlicher Heiland! Um der entsetzlichen Qual willen, die Du bei dieser Station erduldet hast, übe Barmherzigkeit an jenen, die von der Höhe des Priestertums gestürzt, durch Abfall vom Glauben oder durch sündhaften Lebenswandel unserer Mutter, der heiligen Kirche, bitteren Kummer bereiten.

V. Gott, Heiliger Geist, Du Geist der Reinheit!
Vernichte alles in den Priesterseelen, was Deiner Heiligkeit zuwider ist, und den gefährdeten Priestern hilf und führe sie zurück vom Rande des Verderbens.

A. Maria, gute Mutter der Priester! Erflehe uns viele würdige und seeleneifrige Priester! Gute Mutter, erflehe uns viele heilige Priester! Amen.

11. Station:
Jesus wird ans Kreuz genagelt

V. Wir beten Dich an, Herr Jesus Christus, und preisen Dich.
A. Denn durch Dein heiliges Kreuz hast Du die ganze Welt erlöst.

V. Himmlischer Vater! Sieh Deinen vielgeliebten Sohn ans Kreuz geheftet! Um seines Blutes und seiner heiligen Wunden willen habe Erbarmen mit allen Priestern, die durch Ordensgelübde gebunden sind.

A. Göttlicher Heiland! Um der qualvollen Annagelung ans Holz der Schmach willen hefte alle Ordenspriester durch die Gelübde ans Kreuz der Liebe, festige die Laugewordenen in neuem Eifer und Streben nach Vollkommenheit!

V. Gott, Heiliger Geist, Du Geist der Beständigkeit! Gib allen Priestern Eifer und Sorge für das Heil und die Vervollkommnung ihrer eigenen unsterblichen Seele.

A. Maria, gute Mutter der Priester! Erflehe uns viele würdige und seeleneifrige Priester! Gute Mutter, erflehe uns viele heilige Priester. Amen.

12. Station:
Jesus stirbt am Kreuz

V. Wir beten Dich an, Herr Jesus Christus, und preisen Dich.
A. Denn durch Dein heiliges Kreuz hast Du die ganze Welt erlöst.

V. Himmlischer Vater! Sieh Deinen vielgeliebten Sohn für unsere Sünden am Kreuze verbluten! Habe Erbarmen mit den Priestern, die jetzt im Todeskampf liegen und heute noch sterben werden.

A. Göttlicher Heiland! Für uns aus Liebe gestorben: habe Mitleid mit den mit dem Tode ringenden Priesterseelen! Sei ihnen ein „Jesus", ein gnädiger Richter! Bewahre, ich bitte Dich, die Priester vor einem jähen und unversehenen Tode!

V. Gott, Heiliger Geist, Du Geist der Barmherzigkeit! Stehe den sterbenden Priestern bei; verscheuche mit Deinem göttlichen Licht den Geist der Finsternis von ihrem Sterbelager.

A. Maria, gute Mutter der Priester! Sei ihnen Mutter, besonders in der letzten schwersten Stunde, in der Sterbestunde! Ja, gute Mutter, erflehe allen Priestern und Ordensleuten die Gnade eines guten Todes! Amen.

13. Station:
Der Leichnam Jesu wird in den Schoß seiner Mutter gelegt

V. Wir beten Dich an, Herr Jesus Christus, und preisen Dich.
A. Denn durch Dein heiliges Kreuz hast Du die ganze Welt erlöst.

V. Himmlischer Vater! Sieh Deinen vielgeliebten Sohn tot im Schoße seiner tiefbetrübten Mutter! Um ihrer Schmerzen willen gib allen Priestern, besonders den Predigern und Beichtvätern, die Gnade, selbst die verhärtesten Sünderherzen zu rühren und zu aufrichtiger Reue und Buße zu bewegen.

A. Göttlicher Heiland! Sieh Deine liebste Mutter, vom Schmerze zerrissen, über Deine blutige Leiche gebeugt! Entfache in den Herzen aller Priester eine innige Liebe und Verehrung zu Deiner reinsten Mutter, damit ihr Wirken durch ihre Fürsprache reich gesegnet sei.

V. Gott, Heiliger Geist! Du Geist der Erkenntnis! Gib allen Priestern ein tiefes Verständnis für den Wert der Leiden und eine große Geduld und Ergebung in allen Prüfungen.

A. Schmerzhafte Mutter Maria, sei Schutz und Trösterin der leidenden Priester! Gute Mutter, erflehe uns viele heilige Priester und Ordensleute und reichen Erfolg für die Arbeit der Priester und Ordensleute! Amen.

14. Station
Der Leichnam Jesu wird ins Grab gelegt

V. Wir beten Dich an, Herr Jesus Christus, und preisen Dich.
A. Denn durch Dein heiliges Kreuz hast Du die ganze Welt erlöst.

V. Himmlischer Vater! Sieh Deinen vielgeliebten Sohn im Grabe ruhen. Er hat das Werk vollendet, das Du ihm aufgetragen hast. Habe Erbarmen mit den im Fegfeuer büßenden Priesterseelen.

A. Göttlicher Heiland! Du hast das Werk Deiner Liebe vollendet: vollende auch das Werk Deiner Barmherzigkeit an den armen, hilflosen Priester-seelen im Fegfeuer, die von Sehnsucht nach Deiner Anschauung verzehrt werden. Kürze ab ihre Pein und hole sie heim, sie, Deine so innig geliebten Priester!

V. Gott, Heiliger Geist, Du Geist der Freude! Nimm sie auf, die Geweihten, Gesegneten des himmlischen Vaters, in das Reich des ewigen Lichtes, der seligen Verklärung!

A. Maria, gute Mutter der Priester! Erflehe besonders jenen Priestern und Gottgeweihten, die am längsten und qualvollsten im Fegfeuer leiden, die baldige Erlösung. Hole sie heim an Dein Mutterherz. Amen.

Schlussgebet:
Herr Jesus Christus, wir haben die Stationen Deines Blutvergießens betrachtet. Du hast Dich für uns erniedrigt, um uns von der Sünde zu reinigen und uns zu heiligen als Kinder Deines Vaters. Wir danken Dir

und bitten Dich um die Gnade, daß wir mit Dir auch unser eigenes Blut und Leben einsetzen können zur Verherrlichung Gottes und zum Heil unserer Mitmenschen. Laß uns in den frohen und leidvollen Stunden unseres Lebens an den Preis unserer Erlösung denken und von Herzen Deine Liebe erwidern. Amen.

Lob und Dank sei Jesu allezeit,
Der uns mit seinem Blute hat befreit. Amen.

Gebet zum Unbefleckten Herzen Mariens für die Priester
(P. Back, „Andachtsübungen zum Unbefleckten Herzen Mariä")

1. O glückselige Gottesmutter Maria, Du Königin der Priester, Du hast der Welt Jesus Christus, der zugleich Opferpriester und Opfergabe ist, geschenkt. Deinem Unbefleckten Herzen ist das kostbare Blut entströmt, das unter Mitwirkung des Heiligen Geistes den Opferleib des Erlösers gebildet hat.

Erwirke vielen Jungmännern die Gnade der Berufung zum Priesterstande, führe sie über alle inneren Hemmungen und äußeren Lockungen hinweg zum Altar und mache sie zu heiligen, seeleneifrigen Arbeitern im Weinberg des Herrn. Schließe alle Priester in Dein Herz ein und sei ihnen nicht weniger liebe, treusorgende Mutter, als Du es Deinem ersten Priestersohn gewesen bist.

Gegrüßet seist Du Maria...

2. O glückselige Gottesmutter Maria, Du Königin und Mutter der Priester. Bilde die Diener des Heiligtums nach dem Herzen Gottes. Mögen sie von den Flammen reiner Gottesliebe, in denen Dein Unbeflecktes Herz brennt, ganz entzündet werden.

Mache sie zu Werkzeugen des Heiligen Geistes, damit sie seine heilige Glut in die kalte, für die Belange Gottes und der Seelen verständnislose Welt hinaustragen, das Reich der Sünde vernichten und mit den ihnen anvertrauten Seelen Gott lieben aus ganzem Herzen, aus ganzer Seele und mit allen Kräften.

Gegrüßet seist Du, Maria...

3. O glückselige Gottesmutter Maria, Du Königin und Mutter der Priester, die Kirche preist Dich als Wunder der Reinheit. Dein unbeflecktes in ewiger Jungfräulichkeit Gott zugekehrtes Herz war würdig, der erste Opferaltar des göttlichen Erlösers zu werden. Deine reinsten Hände haben im Tempel dem Ewigen Vater das göttliche Kind aufgeopfert.

Erwirke den Dienern des Heiligtums die Gnade, wie Melchisedech ohne Bindung an Fleisch und Blut zu leben, den Lockungen der Welt standhaft zu widerstehen, keine andere Liebe als die ungeteilte Hingabe an Gott in ihrem Herzen zu dulden und allezeit mit reinen Händen und jungfräulicher Seele dem Allerhöchsten die reine, makellose Opfergabe des Neuen Bundes darzubringen.

Gegrüßet seist Du Maria...

4. O glückselige Gottesmutter Maria, Du Königin und Mutter der Priester, Du bist die Miterlöserin des Menschengeschlechtes und die Mittlerin aller Gnaden. Du begleitest die heilige Kirche, den geheimnisvollen Leib Christi, auf ihrem schmerzvollen Weg durch die Jahrhunderte.

Hilf den Priestern, die mit Dir die Aufgabe und Sendung Deines für das Heil der Menschen sich verzehrenden Herzens teilen, ihre Stellung als Ausspender der Geheimnisse Christi, des Ewigen Hohenpriesters tief zu erfassen, für das Heil der unsterblichen Seelen sich zu verzehren und trotz Verkennung, Undank und Verfolgung in ihrem Eifer nicht zu erlahmen.

Gegrüßet seist Du Maria...

5. O glückselige Gottesmutter Maria, Du Königin und Mutter der Priester. Dein Herz hat mit seinem Blut die Opfergabe der Erlösung, den Leib Jesu Christi, gebildet. Dein Herz war in steter Opfergesinnung mit dem Werk der Erlösung verbunden und wurde am Fuß des Kreuzes vom Schwert des Mitleidens durchbohrt.

Erflehe den Priestern, den Lieblingen Deines göttlichen Sohnes, die Gnade, vor dem letzten Opfer ihres heiligen Berufes, dem Opfer des eigenen Seins, nicht zurückzuschrecken. Mögen sie wie Dein göttlicher Sohn nicht nur Opferpriester, sondern auch Opfergabe sein, indem sie die kleine Hostie des eigenen Opfers neben die große Hostie des Opferleibes Jesu Christi legen; in IHN, den Ewigen Hohepriester, durch gänzliche Selbstverleugnung hineinsterben und so mit Dir und allen hochherzigen Seelen ergänzen, was nach dem

Worte des Apostels dem Opfer Jesu Christi noch abgeht.

Gegrüßet seist Du, Maria...

Gebet für die Priester
(Gebet vor dem Tabernakel)

O mein Jesus, ich danke Dir, dass Du wahrhaft, wirklich und wesentlich mit Gottheit und Menschheit, hier im Geheimnis des Altarsakramentes gegenwärtig bist.
Du allein bist mein Heil. Ich will Dich anbeten und Deinen heiligen Namen loben, im Angesicht der Engel will ich Dich preisen.

Immer und ewig sei Dir, wahrhaft, im Sakramente gegenwärtiger Jesus, Lob und Dank gesagt.

O Liebe, die Du aller himmlischen und irdischen Liebe würdig bist; die Du aus Übermaß der Liebe für mich undankbaren Sünder Dich mit unserer menschlichen Natur bekleidet, unter der schmerzhaften Geißelung Dein kostbares Blut vergossen hast und am schmachvollen Kreuze zu unser aller ewigem Heile gestorben bist, - demütig bitte ich Dich: durch die unendlichen Verdienste Deines bitteren Leidens und Sterbens schenke uns viele heilige Priester. Gib, o Jesus, Deinen Priestern die Gnade, dass sie eine lebendige, heilige, gottgefällige Opfergabe für Dich werden.

O liebevollstes Herz Jesu! welches Du in steten Liebesflammen stehest, ich bitte Dich, Du wollest die Herzen der Priester mit dem Feuer Deiner Liebe also entzünden, dass sie Dir zu einem Brandopfer der Liebe werden. O Jesus, hilf ihnen, Priester nach Deinem Herzen zu sein.

Jesus, Du hast gesagt: „Himmel und Erde werden vergehen, aber MEINE WORTE werden nicht vergehen." Siehe, im Vertrauen auf die Unfehlbarkeit Deiner Worte bitte ich Dich: Schenke uns viele heilige Priester!

Heiligstes Herz Jesu, ich vertraue auf Dich! Bitte segne Deine Priester. Heiligstes Herz Jesu, es ist Dir nicht möglich, mit uns Elenden kein Mitleid zu haben. Erbarme Dich über uns Sünder und gewähre uns durch das dreifach-gnadenvolle, schön-makellose Herz Mariens, Deiner und unserer Mutter, die Gnade, um die wir Dich bitten.

Jesus, Ewiger Hoherpriester, bewahre Deine Priester im Schutze Deines heiligsten Herzens. Lass sie wachsen in der Liebe und Treue zu Dir und schütze sie vor der Ansteckung der Welt. Gib ihnen mit der Wandlungskraft über Brot und Wein auch die Wandlungskraft über die Herzen. Segne ihre Arbeit mit reichlicher Frucht und schenke ihnen dereinst die Krone des ewigen Lebens.

Herr und Heiland Jesus Christus! Nur Deine Liebe kann die Welt retten, Deine Liebe kann alles überwinden! Lass uns darum Träger Deiner Liebe sein. Wir wollen mit unseren heiligen Engeln eine Kette bilden und Dich tragen von einer Kommunion zur andern, von einer Stunde zur andern und wollen Dich anbeten und lieben mit der ganzen Kraft unseres Herzens.

Jesus, lass uns mit Maria, allen Engeln und Heiligen einen leuchtenden Ring der Rettung bilden um Welt und Kirche, besonders um den Heiligen Vater, um unsere Bischöfe und Priester und um alle, die wir in Dein Herz legen wollen. Du Heiliger, Starker, Unsterblicher Gott!

O Jesus, ich bitte Dich, sende die heiligen Engel der Priester zu unseren Seelenführern, dass sie ihnen helfen zu solcher Liebesglut, dass sie leuchten wie Engel, vor dem Angesicht Gottes leuchten, dass sie Ecksteine werden, wie der heilige Paulus ein Eckstein war und ist, dann werden die Wogen der Welt ihnen nichts anhaben.

Herz Jesu, Du Opferlamm der Liebe, bewirke Du in Deinen Priestern, was Dir gefällt. Erfülle ihre Hoffnung, die sie auf Dich setzen und lass sie die Überfülle Deiner Gnade genießen, da sie Dir zu dienen und Dich zu lieben verlangen. Bewirke, dass sie durch die Verdienste Deines Leidens und Todes, den Du um unseres Heiles willen ausgestanden, der ewigen Freuden teilhaftig werden.

Herr und Heiland Jesus Christus! Allerheiligster Erlöser, ewiger Gott! Lass Dir für die unschätzbare Gnade des Priestertums d a n k e n und Dich um Deiner Kirche willen bitten um viele und wahre Priester nach Deinem Herzen, damit die Ernte groß und gut werde und heimgeholt werden kann.

Amen und Lobpreis, Herrlichkeit, Weisheit, Dank, Ehre und Macht und Stärke, sei D I R unserem Gott, in alle Ewigkeit. Amen.

Gebet für die Priester

Gebet vor dem Tabernakel:
Mit Maria zu Jesus

Heilige MARIA, Mutter Jesu!
Du bist immer anwesend, wenn die Gläubigen Gott im Allerheiligsten Altarsakrament anbeten. Du führst uns zu Deinem göttlichen Sohn. Du unsere Fürsprecherin am Thron der Gnade. Durch Dich will Gott alle Gnaden spenden.

Maria, ich bitte Dich: Flehe auch Du für all jene, die dem Reich Deines göttlichen Sohnes dienen. Dir vertraue ich voller Zuversicht das Heil aller Priester an. Nimm sie in Deine Dienste. Ich bitte Dich, schütze und geleite sie. Maria, sei all den Priestern nahe, die treu ihren Dienst tun für das Reich Deines göttlichen Sohnes. Lass ihr Leben und Arbeiten zum Segen werden.

Schenke allen, die sich für das Reich Deines göttlichen Sohnes einsetzen wollen, die Gewissheit, dass sie ohne IHN nichts tun können und ihr Leben nur in der Verbundenheit mit IHM fruchtbar werden kann.

Maria, gib allen, die andere auf dem Weg des Glaubens führen, Deine Hilfe. Lehre sie rechte Erkenntnis und rechtes Urteil. Lass die geistlichen Begleiter Vorbilder sein auf dem Weg der Vollkommenheit und erbitte ihnen selbst die Führung des Geistes Deines göttlichen Sohnes.

Maria, Du gute Mutter der Priester, erbitte uns wahrhaft heilige Priester. Erbitte uns gute Ordensbrüder, Ordensschwestern und Laienapostel. Nimm sie unter

Deinen besonderen Schutz.

Maria, Königin der Apostel, führe alle Berufenen zum heiligen Priestertum. Du Mutter der Priesterstudenten, erbitte ihnen die Gnade der Beharrlichkeit.
Maria, Schmerzensmutter, führe mit gütiger Mutterhand die verirrten Priester zum Guten Hirten zurück, hilf ihnen heimfinden in das Herz des Göttlichen Hirten.

Maria, opfere Du dem ewigen Vater das kostbare Blut Deines göttlichen Sohnes auf für die leidenden Priester im Fegfeuer, erbitte ihnen ewige Erlösung und führe sie durch die heiligen Engel in die Freuden des Himmels ein.

Maria, steh den Priestern um Deiner Liebe zu Gott willen immer bei, besonders im letzten Augenblick ihres Lebens und erbitte ihnen einen guten Tod! Verlass sie nicht, bis Du sie unter den Heiligen im Himmel siehst. Dort werden sie mit Dir Gott loben und preisen in Ewigkeit.

O heiligste Maria, verleihe den Priestern, Deinen Dienern, dass sie in Jesu Fußstapfen eintreten, in Seinem Dienste bis in den Tod getreu verharren und die ewige Belohnung sicher erlangen mögen. Durch Jesus Christus, Deinen Sohn unseren Herrn.

Du gütige, milde, Du weise geistliche Führerin, Du liebevolle Lehrmeisterin, sei allen Priestern Wegbegleiterin, Maria, Priesterkönigin, bitte für sie! Amen.

Sende heilige Priester Deinem Volk

Herr und Gott, König des Himmels und der Erde, Du hast den Priestern den heiligsten Schatz in der ganzen Schöpfung anvertraut, indem Du ihnen Macht über Dich selbst in die Hand gabst. Sende heilige Priester Deinem Volk, dass sie ihm Stütze seien auf seinen Fährnissen, dass sie ihm Brüder seien in seiner Not, dass sie Dich in Wort und Tat und Wirklichkeit hineintragen in den Alltag und in die Herzen der Menschen. Lass ihr Herz und ihren Geist und ihre Hände rein sein, wahr und demütig. Lass sie Dein Antlitz tragen und alle Liebe, die Du um Deines Volkes willen geschenkt hast. Lass sie Dir getreu sein, Herr und Gott, Deiner Kirche und ihrer Pflicht bis zum letzten Atemzug! Amen.

(Aus: Werk der heiligen Engel)

Gebet für die Priester

(Teilablass - einmal täglich gebetet. Vollkommener Ablass, wenn das Gebet täglich verrichtet, am ersten Freitag oder am ersten Sonntag jeden Monats nach hl. Beichte und würdiger hl. Kommunion, Pius X., 3.3.1905).

Jesus, ewiger Hoherpriester, göttlicher Opferer, von unaussprechlicher Liebe zu den Menschen, Deinen Brüdern, angetrieben, hast Du das christliche Priestertum aus der heiligen Quelle Deines Herzens hervorgehen lassen. Gieße ohne Unterlass die belebenden Wasser Deiner unendlichen Liebe in die Herzen Deiner Priester. Lebe Du selbst in ihnen; bilde sie um in Dich.

Mache sie durch Deine Gnade zu heiligen Werkzeugen

Deiner Erbarmungen, wirke Du in ihnen und durch sie und gib, dass sie durch treue Nachahmung Deiner göttlichen Tugenden Dich anziehen und in Deinem Namen und in der Kraft Deines Geistes die Werke vollbringen, welche Du selbst zum Heile der Welt getan hast.

Göttlicher Erlöser der Seelen, siehe an die große Zahl derer, die noch in der Nacht des Irrtums befangen sind; sieh die Zahl der ungläubigen Schäflein, die am Rande des ewigen Abgrundes gehen; bedenk der Scharen der Armen, Hungernden, Unwissenden, der Kleinen und Schwachen, der jämmerlich Verlassenen, bedenk all derer, die in Sünde leben.

Komme wieder zu uns durch Deine Priester; lebe in Wahrheit DU in ihnen, wirke durch sie und geh in ihnen von neuem durch die Welt, lehrend, verzeihend, tröstend, opfernd; schlinge von neuem die heiligen Bande der Liebe zwischen dem Herzen Gottes und den Herzen der Menschen. Amen.

Gebet um gute Priester

Jesus, Du wünschest, dass wir den Herrn der Ernte bitten, er möge in diese tüchtigen Arbeiter senden. Würdige Dich, in Deiner Kirche und besonders in dieser Diözese zahlreiche und heilige Priester zu erwecken, die nach dem Vorbilde Deines göttlichen Herzens in der Ausübung ihres heiligen Priesteramtes die Ehre Deines himmlischen Vaters und das Heil der Seelen fördern, die Du mit Deinem kostbaren Blute erlöst hast.

O Maria, Du Mutter Gottes und Mutter des höchsten und ewigen Priesters, des Allerhöchsten, vermehre die Zahl derer, die an seinem göttlichen Priestertum und seiner Macht teilnehmen und so die heilige Sendung Deines göttlichen Sohnes auf der ganzen Erde und besonders in unserem Vaterlande fortsetzen.

O du liebreichste Mutter aller Menschen, gib uns viele Priester, gib uns heilige Priester. Amen.

Gebet zum Göttlichen Heiland für die Priester

O liebster Jesus, Du Freund der Priester, sende allen Priestern täglich alle sieben Gaben Deines Heiligen Geistes, auf dass sie allen alles werden im Leben und im Sterben.

Gib ihnen Geduld mit den Kleinen, Mitleid mit den Kranken, Demut bei den Armen, Freimut gegen die Feinde Deiner heiligen Kirche. Mache sie unermüdet im Lehren, unverdrossen im heiligen Bußgerichte, freigebig in der Spendung der heilige Kommunion. Lass sie fürchterlich erscheinen der Hölle und allen, die es mit ihr halten, und als Friedensboten allen, die eines guten Willens sind.

Wo sie hingehen, soll Dein Segen sie begleiten. Wo sie weilen, soll Dein Friede einkehren. Wen sie segnen, der soll auch von Dir, o Gott, gesegnet sein. Mache sie zu Aposteln, mache sie zu Heiligen. Amen.

(P. Paschalis Schmid)

Aufopferungsgebet am Priesterdonnerstag

Göttlicher Heiland, Jesus Christus, der Du Dein ganzes Erlösungswerk, die Rettung und das Heil der Welt, den Priestern als Deinen Stellvertretern anvertraut hast, durch die Hände Deiner heiligsten Mutter opfere ich Dir für die Heiligung Deiner Priester und Priesterkandidaten den heutigen Tag ganz und gar auf: alle Gebete, Arbeiten, Freuden, Opfer und Leiden.
Schenke uns wahrhaft heilige Priester, die vom Feuer Deiner göttlichen Liebe entflammt, nichts suchen als Deine größere Ehre und das Heil unserer Seelen. Bewahre sie in allen inneren und äußeren Gefahren und weise besonders jene zurück, die ihrer Tugend nachstellen und ihr Priesterideal gefährden.
Maria, Du gute Mutter der Priester, nimm alle Priester unter Deinen besonderen Schutz und Schirm und führe mit gütiger Mutterhand auch die armen verirrten Priester, die ihrer erhabenen Berufung untreu wurden, zum Guten Hirten zurück. Amen.

(P. Paschalis Schmid)

O Jesus, Ewiger Hoherpriester

(Gebet der kleinen hl. Theresia vom Kinde Jesu)

O Jesus, Ewiger Hoherpriester, bewahre Deine Priester im Schutze Deines heiligen Herzens, wo ihnen niemand schaden kann. Bewahre unbefleckt ihre gesalbten Hände, die täglich Deinen heiligen Leib berühren. Bewahre rein die Lippen, die gerötet sind von Deinem kostbaren Blute. Bewahre rein und unirdisch ihr Herz, das gesiegelt ist mit dem erhabenen Zeichen Deines glorreichen

Priestertums. Lass sie wachsen in der Liebe und Treue zu Dir und schütze sie vor der Ansteckung der Welt. Gib ihnen mit der Wandlungskraft über Brot und Wein auch die Wandlungskraft über die Herzen. Segne ihre Arbeiten mit reichlicher Frucht und schenke ihnen dereinst die Krone des ewigen Lebens. Amen.

Gebet um gute Priester

Allmächtiger, ewiger Gott! Du liebst die Priester, die Diener in Deinem Heiligtum und Ausspender Deiner Gnaden; Priester, die dem armen, demütigen, gekreuzigten Erlöser Jesus Christus ähnlich sein wollen, die mit Deiner Gnade gerne das Kreuz oft erdrückend schwerer Berufsaufgaben, harten Ringens gegen die eigenen Fehler auf sich nehmen wollen; die Misserfolge, Verkennung und Enttäuschungen in demütiger Bußgesinnung und in heiliger Liebe sogar dankbar annehmen.

Schenke uns Priester, die, wie Dein Ewiger Hoherpriester Jesus Christus am Herzen der jungfräulichen Mutter gebildet wurden und der Welt ein glaubwürdiges Zeugnis für Deine Wahrheit und Gnade ablegen können.

Schenke uns Priester, deren höchstes Ziel nicht der Wohlstand ist, sondern die Treue gegen Deine heiligen Gebote und die Ausbreitung Deines Reiches in den Menschenseelen; Priester, denen Dein Wohlgefallen mehr gilt als alle Ehren der Welt.

Gib uns heilige Priester, die wissen, wahres Glück auf Erden und in der Ewigkeit erblüht nur aus demütiger, opferstarker Hingabe an den heiligen Willen Gottes.

Herr, lass allezeit das Ringen um die Aufrichtung Deines Reiches in den Priesterherzen das große Ziel ihres Lebens und Sterbens sein, dann dürfen wir zuversichtlich vertrauen, dass wir auch in unseren irdischen Anliegen bei Dir Erhörung finden. Durch Christus, unseren Herrn. Amen.

Gebet um würdige Diener des Heiligtums

O Gott, Du hast zur Erhaltung und Verbreitung Deiner Kirche das Priestertum eingesetzt. Lass alle, die Du von Ewigkeit her zu Deinem Dienste berufen hast, Deine Stimme willig hören und von ganzem Herzen befolgen. Bewahre sie vor den Gefahren der Welt; verleihe ihnen den Geist der Weisheit und des Verstandes, den Geist des Rates und der Stärke, den Geist der Wissenschaft und Frömmigkeit und erfülle sie mit dem Geiste Deiner heiligen Furcht, damit sie, ausgerüstet mit der Gnade des Priestertums, durch Wort und Beispiel uns lehren, den Weg Deiner Gebote zu wandeln, und uns hinführen zur ewigen, glückseligen Vereinigung mit Dir. Der du lebst und regierst von Ewigkeit zu Ewigkeit. Amen.

Eucharistisches Herz Jesu, Muster und Vorbild des Priesterherzens, erbarme Dich unser!

(Teilablass-Stoßgebet)

Gebet für die Priester

Gott, Allmächtiger Vater, gib Deinen Priestern die Gnade eines würdigen Dienstes. Erneuere in ihren Herzen den Geist der Heiligkeit, auf dass sie uns die Lehren, die sie uns geben sollen, auch durch ihr Beispiel nahebringen. Durch Deines Geistes Gaben, Herr, gib ihnen kluge Bescheidenheit, weise Milde, Mäßigung, Sanftmut, Herzensreinheit. Erfülle sie mit Deiner Liebe, dass sie ganz Dir angehören und priesterlich wandeln.

Schenke ihnen Kraft und Mut, um alle schlechten Leidenschaften zu überwinden; lass sie auch in härtesten Bedrängnissen Dich preisen, durch die getreue Erfüllung aller Pflichten Dich verherrlichen; gib, dass sie jede Sünde aufs äußerste meiden und einst zur wahren Heiligkeit gelangen. Amen.

Gebet für die Seelsorger

Allmächtiger, ewiger Gott, der Du zur Erbauung Deiner Kirche und zum Heile unserer Seelen uns Hirten und Seelsorger bestellt hast, wir flehen zu Dir, verleihe ihnen Deine Gnade, dass sie uns vor Irrtümern bewahren, Missbräuche abstellen, die katholische Wahrheit und das Heil der Seelen befördern und ihr heiliges Amt in Wort und Beispiel treu bekleiden.

O Gott, ich empfehle Dir denjenigen Priester insbesondere an, dem ich die Leitung meiner Seele übergeben habe. Mache ihn mir ehrwürdig, nicht bloß durch die hohe Würde, die er als Priester bekleidet, und durch das wichtige, erhabene Amt, das er an mir und anderen verwaltet, sondern auch durch die Heiligkeit seiner Sitten und durch die Erbaulichkeit seines Wandels.

Schmücke ihn aus mit großer Vollkommenheit und teile ihm die heilige Wissenschaft in hohem Grade mit, damit er würdig und zu großem Nutzen meiner Seele, sein Amt ausüben kann.

Gib ihm eine unbesiegliche Geduld in den Beschwerden seiner Arbeit und eine hohe Weisheit in den Schwierigkeiten, welche die Seelenführung hat und verleihe die Gnade, dass ich ihn stets als Deinen Stellvertreter ehre und hochachte, seiner Ermahnung und Lehre willig folge und unter seiner Leitung dereinst gelange zur Herde Deiner auserwählten Schäflein im himmlischen Vaterlande. Göttliches Herz Jesu, bilde sein Herz nach Deinem Herzen.

Gebet für meinen Seelsorger und alle Priester

Göttlicher Heiland Jesus Christus, der Du das Wohl und Wehe Deiner heiligen Kirche den Priestern anvertraut hast, mit der ganzen Inbrunst meines Herzens empfehle ich Dir alle apostolischen Anliegen meines Seelsorgers und aller Priester. Erfülle sie alle mehr und mehr mit wahrer priesterlicher Heiligkeit. Schenke ihnen ein großes, weites apostolisches Herz, voll heiliger Liebe zu Dir und zu all Deinen Seelen, auf dass sie, selbst in Dir geheiligt, uns, ihre Anbefohlenen, heiligen und sicher zu Himmel führen.

Schenke ihnen überreich alle Deine priesterlichen Gnaden! Lass sie in Liebe und Treue zu Deiner heiligen Kirche stehen, in Treue zu Papst und Bischöfen, lass sie in Wort und Leben als Vorbild jeglicher Tugend uns stets voranleuchten.

Liebreichster Jesus, segne all ihr Priesterwirken und Opfertum! Segne alle ihre Gebete und Worte am Altare und im Beichtstuhl, auf der Kanzel und in der Schule, im Verein und am Krankenbett! Schütze und bewahre sie in allen inneren und äußeren Gefahren.

Liebster Jesus, beseele alle Deine Priester, besonders auch meinen Seelsorger, ganz mit Deinem Geiste und Deiner Liebe, damit sie, von Dir erfüllt, als heilige Priester Dir viel Freude bereiten, in Wahrheit allen alles werden und alle ihnen anvertrauten Seelen zu retten vermögen.

O Jesus, durch Dein liebeglühendes Herz bitte ich Dich, entflamme mit Eifer für Deine Liebe und Verherrlichung alle Priester auf der ganzen Welt, alle Missionare, alle, die Dein göttliches Wort verkünden. Gib ihnen die Gnade, dass sie, entflammt vom heiligen Eifer, dem Satan die Seelen entreißen, um sie alle zu Deinem Herzen zu führen, wo sie immerdar Dich verherrlichen mögen.

Mir aber gib wahren Glaubensgeist und demütigen Gehorsam, damit ich in meinem Seelsorger stets den

Stellvertreter Gottes sehen darf und alle seine Lehren willig befolgen kann.

(P. Paschalis Schmid)

Gebet für meinen Seelsorger und alle Priester

O Gott, der Du uns in unserem Seelsorger einen Führer zum Himmel gegeben hast, schenke ihm eine große übernatürliche Liebe zu uns;

den Geist der Frömmigkeit, wenn er betet, betrachtet und am Altar das heilige Opfer feiert;

den Geist des Verstandes, der Wissenschaft und Weisheit, wenn er uns den Glauben und Deine Gebote lehrt;

den Geist des Rates, wenn er uns im Sakrament der Buße mahnt, warnt, tröstet und heilt;

den Geist der Furcht des Herrn, dass er nichts suche als Deine Ehre und das Heil unserer Seelen;

den Geist der Stärke, dass er uns mutig führe unter der Königsfahne Christi. Amen.

Gebet für die Seelsorger

Jesus, Du hast Deiner Kirche Seelsorger gegeben, damit sie die Gläubigen zur Vollkommenheit führen. Gib, dass sie die Wichtigkeit ihres Dienstes erkennen und Dein WORT uns eifrig verkünden.
Lass sie unsere Fürsprecher bei Dir werden, die durch ihr

Gebet und ihr frommes Leben Deine Gnade, Deine Barmherzigkeit und Dein Erbarmen auf uns herabflehen. Lass sie als Muster der Tugend uns voranleuchten und gib, dass wir ihre guten Beispiele nachahmen.

Segne sie und belohne sie für ihre Arbeiten hundertfältig. Lass uns ihre Lehren als Deine Lehren, zu Deiner Ehre, zu ihrem Troste und zum Heile unserer Seelen befolgen. Amen.

Gebet zum hl. Schutzengel für die Seelsorger

Ihr heiligen Schutzengel der Seelsorger, ihr erhabenen Hüter ihrer Priesterseelen! Ihr seid ihre himmlischen Begleiter und die reinen Anbeter in ihren Seelen. Ich bitte euch: Seid ihnen Hüter ihres priesterlichen Gnadenlebens, beschützet sie an Leib und Seele. Erfleht ihnen vor allem die Gnade, dass sie alle ihnen anvertrauten Seelen für Gott und den Himmel erziehen. Erlangt ihnen Eifer, Klugheit und Heiligkeit. Steht ihnen allezeit hilfreich zur Seite, damit sie die Aufgaben ihres heiligen Amtes würdig erfüllen; erlangt ihnen göttliche Einsprechungen und die Gnade, dieselben treu zu befolgen.
Ihr schönen Boten des Himmels, seid den Priestern Bruder, Freund und Tröster; in sorgender Liebe zu ihnen begleitet, helfet und beschützet sie!

Ihr himmlischen Begleiter, vereinigt eure wonnevollen Gebeten mit ihren Gebeten und Opfern am Altar und bringt sie dem himmlischen Vater, dem Dreieinigen Gott, als wohlgefällige Gabe dar. Amen.

(Rosa Hofer)

Gebet zum Herzen Jesu für die Priester und für unsere Gemeinden

O Heiligstes Herz Jesu! Du hast aus übergroßer Liebe zu den Menschen Dein göttliches Blut vergossen, um die Seelen zu retten und für den Himmel zu gewinnen.

Wir bitten Dich inständig, begleite die Arbeiten der Priester für das Heil der Seelen mit Deinem Segen und Deiner Gnade. Gib, dass sie mit Eifer Dein heiliges Wort verkünden, die Herzen der Sünder erschüttern und die Guten in der Tugend befestigen. Halte fern von ihren Gemeinden die Angriffe des bösen Feindes, wehre ab Ärgernis und Verführung, Feindschaft und Neid, Lieblosigkeit und böses Beispiel.

Lass Deine Gnade und Liebe in allen Herzen wohnen, damit wir alle voll Eifer dem ewigen Ziel zustreben, die Sünde meiden, die Tugend üben und uns gegenseitig durch gutes Beispiel zu einem frommen Leben ermuntern und uns dort oben in ewiger Seligkeit mit Dir erfreuen mögen. Amen.

Gebet für Priester, die ihrer heiligen Berufung untreu wurden

Göttlicher Heiland Jesus Christus, Du bist der gute Hirt, der sein Leben gibt für seine Schafe. Sei ganz besonders guter Hirte den armen, verirrten Priestern, die Du zu Führern Deines Volkes bestellt hattest, die Dir aber den

Treuschwur ihrer heiligen Weihe brachen und ihrer erhabenen Berufung untreu wurden, oder die in Gefahr stehen, ihrer erhabenen Berufung untreu zu werden.

Schenke diesen Priestern die ganze Fülle Deiner dem verirrten Schäflein so treu nachgehenden Hirtensorge! Berühre ihr Herz mit dem alles besiegenden Gnadenstrahl Deiner allbarmherzigen Liebe! Erleuchte ihren Geist und stärke ihren Willen, auf dass sie aller Sünde und allem Irrtum den Rücken kehren und zu Deinem heiligen Altar und zu Deinem Volk zurückkommen.

O gütigster Heiland! Gedenke, dass Du die Seelen der verirrten Priester einst mit Deinem kostbaren Blut erkauft und in unendlich bevorzugender Liebe mit dem unauslöschlichen Merkmal der Priesterweihe gezeichnet hast.

Mache gänzlich zuschanden jene beklagenswertesten Helfershelfer Satans, die der Tugend der Priester nachstellen und ihr heiliges Priesterideal gefährden.

Flehe auch, Du Mutter aller Priester, für all jene gefährdeten und irrenden Priester, die Weg und Ziel nicht mehr klar sehen und sich nach eigenem Gutdünken eine andere Richtung suchen. Keine Mutter lässt ihr Kind im Stich, wenn es in Gefahr ist. So sende auch Du Deine heiligen Engel zu einem so eindringlichen Mahnen, dass es nicht überhört werden kann!

Maria, Mutter unseres Herrn, halte Deinem göttlichen Sohn Deine Hände, Dein Herz, Deine Tränen als

Lösegeld hin, und ER wird alles annehmen und den Priestern das wahre Licht und rechte Kraft und die verlorene Freude schenken.

Gütigster Heiland, nimm unsere Gebete und Opfer für die armen verirrten Priester mit besonderer Huld an und erhöre uns. Amen.

(P. Paschalis Schmid)

Gebet zum heiligen Josef für die Priester

Heiliger Josef, Du Patron der Priester!
Du hast das Jesuskind geführt und geleitet ganz im Geiste des himmlischen Vaters, in Seiner Milde, Seiner Weisheit und Klugheit. Du sahst Dich unendlich tief unter Jesus stehen, obgleich Du über IHN gesetzt warst als Stellvertreter des Ewigen Vaters.

Heiliger Josef, Du warst der Führer des göttlichen Heilandes. Du bist auch Führer und Patron der Priester, und Gott entfaltet seine fruchtbare Tätigkeit besonders durch die Priester. Ich bitte Dich: gib, dass sie Dich nachahmen bezüglich der Seelen, welche sie für Gott erziehen sollen, welche ihnen, als Glieder Jesu Christi in ihre Obhut anvertraut werden.

Heiliger Josef, gib, dass sie als Stellvertreter Christi, gleich Dir, dem Führer des göttlichen Heilandes, die ihnen anvertrauten Seelen führen und leiten.

Heiliger Josef, erlange den Priestern die Gnade, den göttlichen Heiland wie Du voll Ehrfurcht und Liebe zu behandeln. Amen.   (Rosa Hofer)

Gebet um PRIESTERBERUFUNGEN

Herr Jesus Christus, ewiger Hoherpriester! Gedrängt von der Sorge um Priesternachwuchs kommen wir zu Dir, um Dich vertrauensvoll um Dein Erbarmen und Deine Hilfe anzurufen.

Herr, Du weißt, wie schwer es den Jugendlichen heute fällt, bei dem vielseitigen Angebot die rechte Berufsentscheidung zu treffen, und um wieviel schwerer es ist, sich für Deine Nachfolge zu entscheiden. Eine gute Begabung, ein starker Wille, ein mitfühlendes Herz allein genügen nicht, es bedarf des besonderen göttlichen Anrufes der Auserwählung.

Herr, einst hast Du während Deines apostolischen Wirkens Deine Jünger selbst berufen und auserwählt. Ein Blick, ein Wort genügte und sie verließen alles und folgten Dir nach. So bitten wir Dich:

Berufe auch heute in unserer glaubenslosen und materialistischen Zeit Deine Hirten und Seelsorger selbst. Öffne Du die Herzen begabter und fähiger junger Menschen für den Anruf Deiner Liebe.

Lass nicht zu, dass Dein Ruf in der Sattheit, Zufriedenheit, Lauheit und Gleichgültigkeit unserer Zeit erstickt oder am Egoismus der Eltern scheitert. Sende allen Berufenen die Fülle des Heiligen Geistes, damit sie kraftvoll und entschlossen dem Priesterberuf zustreben, im Vertrauen auf Dein Wort: „Nicht ihr habt Mich erwählt, sondern ICH habe euch erwählt."

Herr, Du allein kennst jeden einzelnen, seine Talente und Fähigkeiten. Du siehst nicht nur wie wir das Äußere, sondern auch das Innere; Du siehst in die verborgenen Tiefen des menschlichen Herzens, in die

Abgründe der Seelen. Darum kennst Du auch ihre Zweifel und Probleme, ihre Nöte und Ängste, die Sehnsucht und den Hunger nach Liebe und Güte, nach Heimat, Geborgenheit und Verstehen.

Herr, sei Du ihnen allzeit spürbar nahe. Nimm Du sie an der Hand, führe und leite sie sicher durch alle Schwierigkeiten und Gefahren hindurch.

Hilf ihnen, die Botschaft von Deinem Vatergott recht zu verstehen und in zeitgemäßer Sprache und Form zu künden und zu leben. Stärke ihren Glauben, bewahre rein ihre Liebe und gewähre ihnen die Gnade der Treue bis zum Tod.

Komm, Heiliger Geist! Erleuchte Du sie, damit sie die Aufgabe und Sendung Mariens im Heilsplan Gottes erkennen. Schenke ihnen ein große Liebe zur Mutter des Herrn!

Maria, Du gute Mutter der Priester, Du Königin der Priesterseminare! Breite Deine schützenden und segnenden Hände über alle Theologiestudenten und Priesterkandidaten. Birg sie in Deinem gütigen Mutterherzen, damit sie sicher die teuflischen Angriffe überstehen. Stellvertretend vertrauen wir sie Deinem mütterlichen Herzen an:

„O meine Gebieterin, o meine Mutter!
Dir bringe ich mich ganz dar,
und um Dir meine Hingabe zu bezeigen,
weihe ich Dir heute meine Augen,
meine Ohren, meinen Mund,
mein Herz, mich selber ganz und gar.
Weil ich also Dir gehöre, o gute Mutter,
bewahre mich, beschütze mich
als Dein Gut und Eigentum! Amen.“

Gebet für alle Priesterkandidaten der ganzen Welt

Göttlicher Heiland und ewiger Hoherpriester Jesus Christus, Du bist es, der Du in besonderer Liebe Deine Priester Dir auserwählst. Mit der ganzen Inbrunst meines Herzens empfehle ich Dir alle Priesterkandidaten der ganzen Welt: Erfülle sie schon jetzt in ihren Studienjahren mehr und mehr mit wahrhaft priesterlicher Gesinnung.

Gib ihnen einen lebendigen, freudigen Glauben, großen Gebetseifer, glühende Liebe zu Dir und zu Deiner heiligen Kirche, wahren Eifer für das Heil der Seelen, eine innige Andacht zum Allerheiligsten Altarsakramente und zu Deiner gebenedeiten Mutter. Erleuchte und segne auch alle ihre Erzieher und Lehrer in ihren schweren, verantwortungsvollen Aufgaben.

Maria, Du gute Mutter der Priester, beschütze alle Priesterkandidaten: bewahre sie in allen inneren und äußeren Gefahren, die in den Studienjahren ihrem heiligen Berufe drohen. Schenke ihnen stets gute Gesundheit, Fortschritt in den Studien und auch immer die nötigen Mittel, auf dass wegen Armut auch nicht einer vom Priestertum ausgeschlossen sei. Vor allem aber stehe ihnen zur Seite in allen Kämpfen der Jugend, damit sie die Reinheit des Herzens unversehrt bewahren und einmal als ganz reine, heilige Priester zu Deinem Altare emporsteigen. Ganz besonders halte jene vom Priestertum fern, die sich ungerufen und unwürdig ins Allerheiligste eindrängen wollen, und lass nicht zu, dass Eltern oder Verwandte in falsch verstandener Liebe oder gar aus sträflichen Absichten ihre Söhne zum heiligen Priesterstande drängen.

Alle heiligen Apostel, alle heiligen Bischöfe und Priester, alle heiligen Jugendpatrone, bittet für die Priesterkandidaten, schützet sie und steht ihnen allzeit bei, auf dass sie wahre Apostel, heilige Mittler zwischen Gott und den Menschen und vielen unsterblichen Seelen sichere Führer zum Himmel werden mögen. Amen.

Jesus, Heiland der Welt, heilige Deine Priester- und Priesteramtskandidaten!

(P. Paschalis Schmid)

Gebet zur Mutter aller Priester um Priesternachwuchs

Maria, Mutter unseres Herrn Jesus Christus, unter seinem Kreuz bist Du die Mutter der Apostel geworden und damit auch die Mutter aller Priester.

Dein Haus ist die Kirche, Dein Tisch der Altar, Deine Diener die Engel; und Deine Söhne, die Priester, wandeln Brot und Wein, wie ehedem der Herr sagte: „Nehmet hin... dies ist Mein Leib, Mein Blut!"

Nicht allein das irdische Brot für uns hatte ER im Sinn, als ER uns das Vaterunser lehrte: Das tägliche Brot will ER selbst uns sein!

Mutter Maria, Du Vielgetreue, wollest Dein Haus, die Kirche, bewahren und bestellen, dass immer Priesternachwuchs sei, damit das tägliche Brot des ewigen Lebens gegeben werde!

Sende Deine Engel in die Familien, dass in den jungen Herzen die Freude am Dienst Gottes wachse, dass der Königsdienst ihnen Lebensberuf werde!

Fördere und heilige alle, die Deine Priester werden sollen; und sende wiederum Deine Engel, dass heilige Priester für diese jungen Menschen die Führenden zum Altar werden, und die jungen Kleriker wissen: es gilt einen heiligen Kampf für Gott; es gilt den heiligen Glauben rein zu bewahren, und der gute Hirte ist dem Volk mehr als je notwendig, da der Wolf bereits eingebrochen ist.

Flehe auch, Du Mutter aller Priester, für all jene gefährdeten und irrenden Priester, die Weg und Ziel nicht mehr klar sehen und sich nach eigenem Gutdünken eine andere Richtung suchen. Keine Mutter lässt ihr Kind im Stich, wenn es in Gefahr ist. So sende auch Du Deine heiligen Engel zu einem so eindringlichen Mahnen, dass es nicht überhört werden kann!

Maria, Mutter unseres Herrn, halte Deinem göttlichen Sohn Deine Hände, Dein Herz, Deine Tränen als Lösegeld hin, und ER wird alles annehmen und den Priestern das wahre Licht und rechte Kraft und die verlorene Freude schenken. Amen.

(Aus „Werk der heiligen Engel")

Gebet um Priesterberufe
(von Papst Pius XII.)

(Teilablassgebet. Vollkommener Ablass unter den gewöhnlichen Bedingungen einmal im Monat bei täglicher Verrichtung)

Jesus Christus, in erbarmender Liebe hast Du allen voran mit der armen Menschheit mitempfunden und ihren Ruf nach jemanden erhört, der sie auf den rauhen Erdenpfaden zu Licht und Leben führen sollte.

Herr und Meister, Du bestellst Engel als Boten und als Deine Diener Feuerflammen. (104,4) Sende Priester dem Volke zu, das Dein ist und Dein sein will, und kleide sie in Gerechtigkeit zur Freude Deiner Frommen. (Ps. 132,9)

O Herr, Du kennst die Herzen der Menschen. Bezeichne alle, die Du erwählt hast, um ihnen das hohe und erhabene Amt der Wahrheit und der Liebe anzuvertrauen! Erleuchte ihren Geist, damit sie die unschätzbare Gnade Deiner Berufung klar erkennen; stärke ihren Willen, damit sie siegreich hindurchgehen durch alle Verweichlichung und Lockungen der Welt.

Gib, dass sie sich nicht verlieren in lähmendem Genuss und nicht in nebligen Tiefen menschlicher Leidenschaft untergehen. Lass sie nicht zurückschrecken vor Opfern. Gleich königlichen Adlern mögen sie ihre Flügel spannen und sich emporschwingen zur lichten Höhe Deines ewigen Priestertums. Lass ihre Eltern innewerden, wie groß und unvergleichlich schön es ist, Dir die eigenen Söhne zu schenken. Gib ihnen Mut und Kraft, alle äußeren Rücksichten und inneren Hemmungen, die dieser Freigabe entgegenstehen, zu überwinden.

Erwecke in hochherzigen Seelen die innere Bereitschaft, mit wohltätiger Hand Deinen Auserwählten zu helfen, wenn Armut sie hindert, Deinem Ruf zu folgen. Verleihe ihren Lehrern und Erziehern Licht und Kraft, in ihren jungen Herzen die zarte Pflanze Deiner Berufung sorgsam zu pflegen, bis der Tag anbricht, an dem sie mit glühendem und reinem Herzen zu Deinem Altare emporsteigen.

Dann aber gib, gütigster Jesus, dass sie wahre Engel für Dein Volk seien:

Engel der Reinheit, die Deine göttliche Liebe über jede andere, noch so zarte und heilige menschliche Liebe stellen;

Engel der Liebe, die auf die Freuden einer irdischen Familie verzichten, um dafür einer anderen, größeren Familie Vater und Hirte zu werden und gerade den Kleinen und Unglücklichen, den Ermatteten und Verlassenen ihre Liebe zu schenken;

Engel des Lichtes, die in den Herzen der Menschen den Glauben an Dich gleich dem Morgenstern aufleuchten lassen;

Engel des Opfers, die wie eine Opferflamme sich selbst verzehren für das Wohl ihrer Brüder und Schwestern;

Engel des Rates und der Stärke, die sie trösten im Schmerze, stärken im Kampfe und sie in den quälenden Stunden des Zweifels hinführen auf den lichten Weg der Tugend und der Pflicht;

Engel der Gnade, welche die Seelen reinigen und aufrichten und sie mit Dir vereinen im Brote des Lebens;

Engel des Friedens, die sie im letzten Augenblick ihres Lebens mit der wonnevollen Sehnsucht und Liebe zu Dir erfüllen, die sie heimgehen lassen in Deinem göttlichen Frieden und ihnen die Pforte des Himmels öffnen, wo Du das unendliche Licht und die immerwährende Freude ihres Herzens bist in alle Ewigkeit. Amen.

Gebet um Priester- und Ordensberufe

Jesus, guter Hirt, Du bist gekommen, um zu suchen und selig zu machen, was verloren war. Du hast das Priestertum der Kirche gestiftet, das Dein Werk für alle Zeiten fortsetzen soll.

Wir flehen inständig zu Dir: Sende Arbeiter in Deinen Weinberg! Sende würdige Priester in Deine heilige Kirche! Sende Ordensbrüder! Sende Ordens-schwestern! Gib, dass alle, die Du von Ewigkeit her zu Deinem Dienste auserwählt hast, Deinem Rufe folgen, dass aber kein Unberufener sich in Dein Heiligtum eindränge.

Stärke alle Priester und Ordensleute in ihrem schweren Beruf und segne ihre Mühen und Arbeiten. Lass sie sein das Salz der Erde, das alle Verderbnis verhütet, das Licht der Welt, das allen Gläubigen durch Wort und Beispiel voranleuchtet. Verleihe ihnen Weisheit, Geduld und

Festigkeit, damit sie Deine Ehre fördern, Dein Reich in den Herzen der Menschen ausbreiten und die ihnen anvertrauten Seelen zum ewigen Leben führen. Amen. Maria, Königin der Apostel, bitte für uns!

Gebet um Ordensberufungen
(von Papst Pius XII.)

Herr Jesus Christus, hohes Vorbild aller Vollkommenheit! Du erwählst Dir immer wieder Menschen und gibst ihnen das Verlangen ein, ein vollkommenes Leben zu führen. Du befähigst sie dann durch Dein erhabenes Beispiel und Deine wirksame Gnade, Dir auf diesem Höhenweg zu folgen.

Wir bitten Dich, lass doch viele erkennen, was es Großes ist um den Ordensberuf. Lass sie Deiner Einladung Folge leisten, um im Ordensstand Deine besondere Sorge für sie und Deine Vertrautheit zu erfahren. Gib, dass nie und nirgends die Boten Deiner Liebe fehlen. Lass sie Tag und Nacht Dich vertreten an der Wiege der Waisen, am Schmerzenslager der Leidenden, bei den Alten und Kranken, die sonst niemanden haben, der ihnen hilfsbereit die Hand bietet.

Mache, dass von der Grundschule bis zur Universität eine Lehre verkündet werde, die in vollem Einklang mit Deinen Worten allen den Weg zum Himmel weist und jedem seine Pflicht zeigt.

Sende die Boten Deines Evangeliums bis in die fernsten und ungastlichsten Länder, um alle Völker in Dein Reich zu rufen.

Mehre die Zahl jener, die Dir in heißer Liebe anhangen, um auch die Welt mit Deiner Liebe zu entzünden, Seelen, in denen die makellose Reinheit Deiner Kirche in vollem Glanz erstrahlt.

Lass überall Gemeinschaften von auserwählten Seelen erstehen, die in Gebet und Buße menschliche Schuld sühnen und Dein Erbarmen herabrufen. Möge in ihrem steten Opferleben, in der fleckenlosen Reinheit ihrer Gesinnung, in dem Adel ihrer Tugenden immer mehr das lebendige Ideal der Kinder Gottes sichtbar werden, das Du uns durch Dein Erdenleben hast zeigen wollen.

Sende diesen Scharen Deiner Jünger und Jüngerinnen viele und gute Berufe, junge Menschen, die fest entschlossen sind, sich der großen Gnade der Berufung und der von ihnen erwählten Ordensfamilie würdig zu erweisen durch gewissenhafte Erfüllung ihrer Ordenspflichten, durch beharrliches Gebet, standhafte Abtötung und durch vollkommene Hingabe ihres Willens an den Deinen.

Erleuchte, o Herr, viele edelmütige Seelen durch das Feuer des Heiligen Geistes, der ja die wesenhafte und ewige Liebe ist, und auf die mächtige Fürsprache Deiner lieben Mutter Maria entzünde und erhalte in ihnen die Glut Deiner Liebe zur Ehre des Vaters und des Heiligen Geistes, die mit Dir leben und herrschen von Ewigkeit zu Ewigkeit. Amen.

Gebet um Priester- und Ordensberufe

Jesus, guter Hirt, Du bist gekommen, um zu suchen und selig zu machen, was verloren war. Du hast das Priestertum der Kirche gestiftet, das Dein Werk für alle Zeiten fortsetzen soll.

Wir flehen inständig zu Dir: sende Arbeiter in Deinen Weinberg.

Sende würdige Priester in Deine heilige Kirche.
Sende Ordensbrüder; Sende Ordensschwestern.

Gib, dass alle, die Du von Ewigkeit her zu Deinem Dienste auserwählt hast, Deinem Rufe folgen, dass aber kein Unberufener sich in Dein Heiligtum eindränge.

Stärke alle Priester und Ordensleute in ihrem schweren Berufe und segne ihre Mühen und Arbeiten.

Lass sie sein das Salz der Erde, das alle Verderbnis verhütet, das Licht der Welt, das allen Gläubigen durch Wort und Beispiel voranleuchtet.

Verleihe ihnen Weisheit, Geduld und Festigkeit, damit sie Deine Ehre fördern, Dein Reich in den Herzen der Menschen ausbreiten und die ihnen anvertrauten Seelen zum ewigen Leben führen. Amen.

Gebet zu Jesus Christus, unserem Hohenpriester für die Priester, die Ausspender Seiner Geheimnisse

Herr Jesus Christus, unser Gott und Heiland. Du bist der ewige Hohepriester; priesterliche Würde, Macht und Ehre hat der himmlische Vater Dir gegeben. „Du bist Priester auf ewig nach der Ordnung des Melchisedech." Auf Erden hast Du Dein Priestertum am Kreuze vollendet. Nun lebst Du als Hoherpriester allezeit im Himmel und sitzest zur Rechten des Vaters, um Fürsprache für uns einzulegen.

Nimm an unser Gebet zur Verherrlichung Deines ewigen Priestertums, zur Heiligung Deiner Priester auf Erden und zum Heil der ihnen anvertrauten Seelen. Amen.

Jesus setzt das Priestertum ein: (Lk 22, 19-20)

V. Jesus Christus, ewiger Hoherpriester! Aus den Menschen hast Du Dir Priester geweiht zur Ausspendern Deiner heiligen Geheimnisse.

A. Ein Denkmal Seiner Wunder hat gesetzt der Herr, voll Gnade und Erbarmen!

V. Deine Priester bringen alle Tage auf den Altären das heilige Opfer dar zur Verherrlichung Deines Vaters, zur Sühne unserer Sünden, zur Hilfe für unsere Toten.

A. Ein Denkmal Seiner Wunder hat gesetzt der Herr, voll Gnade und Erbarmen!

V. Sie nähren unsere Seelen mit Deinem heiligen Fleisch und Blut und schließen uns zusammen durch dieses Band der Liebe zu einer heiligen Familie Gottes.

A. Ein Denkmal Seiner Wunder hat gesetzt der Herr, voll Gnade und Erbarmen!

Jesus gibt Seinen Priestern den Auftrag, zu taufen: (Mt 28, 16-20)
V. Jesus Christus, ewiger Hoherpriester! Du hast den Priestern aufgetragen, durch die Taufe Dein Reich in den Herzen zu begründen.

A. Laßt uns im Glauben unerschüttert stehen und danken ohne Unterlaß!

V. In Deiner Vollmacht hüten und entfalten sie das Leben der Gnade in ihren Gemeinden.

A. Laßt uns im Glauben unerschüttert stehen und danken ohne Unterlaß!

V. In Deinem Auftrag durchziehen sie ferne Länder, um die Heidenvölker durch die Taufe aufzunehmen in Dein Reich.

A. Laßt uns im Glauben unerschüttert stehen und danken ohne Unterlaß!

Jesus gibt den Priestern die Gewalt, Sünden nach-zulassen: (Joh 20, 19-23)

V. Jesus Christus, ewiger Hoherpriester! In Deinem Namen lassen die Priester Sünden nach, wecken neues Leben in den Seelen und vermehren das Licht der Gnade.

A. Dankt dem Herrn, denn Er ist gut, in Ewigkeit währt Sein Erbarmen!

V. Durch das Wort Deiner Priester führst Du Irrende zurück, gibst Zweifelnden Rat, bringst Trauernden Trost und bewegst Sünder zur Buße.

A. Dankt dem Herrn, denn Er ist gut, in Ewigkeit währt Sein Erbarmen!

V. Du gibst dem mahnenden Wort Deiner Priester Kraft und Weihe, damit es uns den Weg Deiner Gebote führe.

A. Dankt dem Herrn, denn Er ist gut, in Ewigkeit währt Sein Erbarmen!

Die Priester besitzen die Gewalt, Kranke zu salben: (Jak 5, 13-15)

V. Jesus Christus, ewiger Hoherpriester! Durch die letzte Ölung vereinigen Deine Priester die Leiden der Kranken mit Deinem Todesleiden und bereiten sie vor auf Deine Herrlichkeit.

A. Voll Güte und Erbarmen ist der Herr, an Gnade überreich!

V. Durch die heilige Salbung heilst Du die Seelen von ihren Wunden und erfüllst sie mit Mut und Vertrauen.

A. Voll Güte und Erbarmen ist der Herr, an Gnade überreich!

V. Mit diesem heiligen Sakrament stärken Deine Priester die Kranken in der Todesstunde und geleiten sie bis an das Tor der Ewigkeit.

A. Voll Güte und Erbarmen ist der Herr, an Gnade überreich!

V. So danket nun dem Herrn für Seine Güte.
A. Für seine Hulderweise an den Menschenkindern.

V. Lasset und beten! Allmächtiger, ewiger Gott, achte gnädig auf die demütigen Bitten Deines Volkes und mache Deine Priester, denen Du in unermeßlicher Freigebigkeit und Güte die Verwaltung so heiliger Geheimnisse übergeben hast, zu würdigen Dienern Deiner Erlösung, damit die Worte, die ihr Mund ausspricht, durch Deine Weihegnade Kraft erhalten. Durch Christus, unsern Herrn. Amen.

Gebet zu Jesus Christus, unserem Hohenpriester für die Priester, die Verkünder Seiner Wahrheit

Christi Priester sollen die Wahrheit lehren:
(2 Tim 4, 1-5)
V. Jesus Christus, ewiger Hoherpriester! Den Priestern hast Du Deine heilige Lehre und Dein göttliches Wort anvertraut. Sie sollen Dein Wort in die Herzen unserer Kinder einsenken.

A. Und das Wort des Herrn bleibt in Ewigkeit!

V. Durch das Wort des Priesters kehrst Du ein in unsere Herzen und führst uns zur vollen Mannesreife im Glauben.

A. Und das Wort des Herrn bleibt in Ewigkeit!

V. Das Wort des Priesters festige uns in der Wahrheit. Es zeige nicht Menschenweisheit, sondern Gottes Kraft.

A. Und das Wort des Herrn bleibt in Ewigkeit!

Christi Priester sollen die Wahrheit leben:
(Mt 5, 13-16)

V. Jesus Christus, ewiger Hoherpriester! Dem Salze gleich sollen Deine Priester mit göttlicher Wahrheit das Leben der Menschen durchdringen und sie vor der Fäulnis der Sünde bewahren.

A. Herr, heilige sie in der Wahrheit!

V. Ihre Lehre, verscheuche das Dunkel; der Sonne gleich erwecke sie Wachstum und Leben und bringe Freude allen Menschen, die guten Willens sind.

A. Herr, heilige sie in der Wahrheit!

V. Dein Licht leuchte in ihren Werken, daß die Menschen es sehen und den Vater preisen, der im Himmel ist.

A. Herr, heilige sie in der Wahrheit!

V. In alle Lande ist gedrungen ihre Kunde.
A. Ihr Wort bis an der Erde Grenzen.

Lasset und beten! Herr und Gott, Dein Wille ist es, daß
alle Menschen zur Erkenntnis der Wahrheit kommen
und gerettet werden: gib, daß Deine Priester mit
allem Freimut, ob gelegen oder ungelegen, dein Wort
verkünden, damit es die Welt durcheile und hell
aufstrahle und alle Völker Dich erkennen, den alleinigen,
wahren Gott und den Du gesandt hast, Jesus Christus,
Deinen Sohn, unsern Herrn. Amen.

Gebet zu Jesus Christus, unserem Hohenpriester und unser Flehen um gute Priester

Aus den Abschiedsworten Jesu (Joh 15, 16-16)

V. Jesus Christus, ewiger Hoherpriester! Auf Dein
Geheiß hin wollen wir den Vater bitten für Deine
Priester. Du hast sie selbst Deine Freunde genannt und
hast für sie im Angesichte des Todes gebetet. Für sie bitte
Ich; nicht für die Welt bitte Ich, sondern für sie, die Du
mir gegeben hast; denn sie sind Dein und Ich bin in ihnen
verherrlicht. Ich bleibe nicht mehr in der Welt, sie aber
bleiben in der Welt.

A. Heiliger Vater, bewahre alle Priester in Deinem
Namen.

V. Solange Ich bei ihnen war, habe Ich sie bewahrt in
Deinem Namen, den Du mir gegeben hast. Ich habe sie
behütet und keiner von ihnen ging verloren, außer der
Sohn des Verderbens.

A. Heiliger Vater, bewahre alle Priester in Deinem Namen.

V. Jetzt aber gehe Ich zu Dir. Ich habe ihnen Dein Wort gegeben, aber die Welt hat sie gehaßt, weil sie nicht von der Welt sind, wie auch Ich nicht von der Welt bin.

A. Heiliger Vater, bewahre alle Priester in Deinem Namen.

V. Ich bitte nicht: nimm sie aus der Welt, sondern: bewahre sie vor dem Bösen! Sie sind ja nicht von der Welt, wie auch Ich nicht von der Welt bin.

A. Heiliger Vater, bewahre alle Priester in Deinem Namen.

V. Weihe sie in der Wahrheit! Dein Wort ist Wahrheit. Wie Du Mich in die Welt gesandt hast, so habe auch Ich sie in die Welt gesandt; für sie weihe Ich Mich selbst, damit auch sie geweiht seien in Wahrheit.

A. Heiliger Vater, bewahre alle Priester in Deinem Namen.

V. Der Herr hat sie geliebt und ausgezeichnet.
A. Mit einem Ehrenkleid hat Er sie angetan.

V. Lasset uns beten! Allmächtiger, ewiger Gott, Du allein wirkst Großes und Wunderbares: gieße über Deine Priester und ihre Gemeinden die Fülle Deines Geistes aus, damit sie Dich wahrhaft lieben und Dir wohlgefallen. Durch Christus, unsern Herrn. Amen.

Die Verheißung des Herrn vor Seinem Scheiden:
(Joh 15, 20 f. 26 f)

V. Jesus Christus, ewiger Hoherpriester! Du hast Deinen Priestern vorausgesagt, daß sie Dein Los teilen werden: Simon, Simon, siehe, der Satan hat verlangt, euch sieben zu dürfen, wie man Weizen siebt. Ich aber habe für dich gebetet, und du, wenn du bekehrt sein wirst, stärke deine Brüder.

A. Stärke Deine Priester, o Herr!

V. Jesus Christus, Du hast Deine Jünger ermutigt mit den Worten: Wenn sie euch den Gerichten ausliefern, so seid ohne Sorge, wie oder was ihr reden sollt; es wird euch in jener Stunde gegeben werden, was ihr sagen sollt.

A. Stärke Deine Priester, o Herr!

V. Jesus Christus, Du hast den Aposteln und ihren Nachfolgern verheißen: seht, Ich bin bei euch alle Tage bis ans Ende der Welt.

A. Stärke Deine Priester, o Herr!

V. Wo ein Priester auf verlorenem Posten steht,

A. Stärke ihn, o Herr!

V. Wo ein Priester schwere Stunden der Enttäuschung erlebt,

A. Stärke ihn, o Herr!

V. Wo ein Priester in Bedrängnis mutlos wird oder unter der Last des Kreuzes zusammenbricht,

A. Stärke ihn, o Herr!

V. Wo ein Priester in der Versuchung schwach wird oder im Glauben erkaltet,

A. Stärke ihn, o Herr!

V. Der Herr hat sie als Priester auserwählt.
A. Auf daß sie Ihm Opfer des Lobes darbringen.

V. Lasset uns beten! Allmächtiger, ewiger Gott, dessen Geist den ganzen Leib der Kirche heiligend und leitend durchdringt: erhöre unser Gebet für alle Priester und gib, daß durch den Beistand Deiner Gnade der ganze geistliche Stand Dir in Treue diene. Durch Christus, unsern Herrn. Amen.

Christus ruft Apostel: Lk 6, 12-16
V. Jesus Christus, ewiger Hoherpriester! Du hast zu Deinen Aposteln gesagt: Nicht ihr habt Mich erwählt, sondern Ich habe euch erwählt. Senke in Deiner Barmherzigkeit die Gnade des Priesterberufes in die Herzen junger Menschen.

A. Herr, sende Arbeiter in Deinen Weinberg!

V. Jesus Christus, Du hast zu Deinen Jüngern gesprochen: Die Ernte ist groß, doch der Arbeiter sind wenige. Heilige die Väter und Mütter, die Lehrer und

Erzieher, daß sie jungen Menschen die Wege bereiten zu Deinem Priestertum.

A. Herr, sende Arbeiter in Deinen Weinberg!

V. Jesus Christus Du selbst hast uns aufgefordert, um Priesterberufe zu beten mit den Worten: Bittet den Herrn der Ernte, daß Er Arbeiter in Seine Ernte sende. Erwecke viele treue Helfer, die für die Priester opfern und beten, und nimm auch uns auf in ihre Schar.

A. Herr, sende Arbeiter in Deinen Weinberg!

V. Jesus Christus, Du hast am Jakobsbrunnen zu Deinen Jüngern gesagt: Erhebet eure Augen und betrachtet die Felder, sie sind schon reif zur Ernte. Gedenke der Missionsländer und sende ihnen eifrige Apostel.

A. Herr, sende Arbeiter in Deinen Weinberg!

V. Du bist Priester in Ewigkeit.
A. Nach der Ordnung des Melchisedech.

V. Lasset uns beten! Allmächtiger, ewiger Gott, gieße aus über Deine Diener, die Du zum Priestertum berufen willst, den Heiligen Geist mit Seinen sieben Gaben: es ruhe über ihnen der Geist der Weisheit und des Verstandes, der Geist des Rates und der Stärke, der Geist der Wissenschaft und der Frömmigkeit. Erfülle sie mit dem Geiste Deiner Furcht, festige sie in göttlichen Dienste, damit sie durch Deine Hilfe erlangen, was sie mit Deiner Gnade begehren. Durch Christus, unsern Herrn. Amen.

Für die Heiligung des Klerus

(Teilablassgebet; unter den gewöhnlichen Bedingungen bei täglichem Gebet einmal im Monat vollkommener Ablass, Pius X., 27.10.1907).

Jesus, Du ewiger Hirte der Seelen, erhöre unser Gebet für unsere Priester, Du erhörst ja Dein eigenes unendliches Verlangen. Dein Herz schlägt am zartesten und heiligsten für die Priester, in denen Du alle Seelen mit Deiner Liebe umfängst.

Wir bekennen es, dass wir unwürdig sind, heilige Priester zu haben. Allein Dein Erbarmen ist unendlich größer als unsere Torheit und Bosheit. O Jesus, sorge Du selber dafür, dass nur die zur Würde des Priestertums emporsteigen, die von Dir dazu berufen sind.

Erleuchte die Oberhirten bei ihrer Wahl, erleuchte die Seelenführer bei ihrem Rate, die Erzieher bei der Heranbildung ihrer Berufe. Gib uns Priester, die den Engeln gleich sind an Reinheit, vollkommen in der Demut, glühend von heiliger Liebe wie die Seraphinen, heldenmütig im Opfergeist, voll apostolischen Eifers für Deine Ehre, für die Rettung und Heiligung der Seelen.

Erbarme Dich all der Unwissenden, denen die Priester Licht sein müssen, habe Mitleid mit all den Arbeitern, die durch sie vor Betörung geschützt, in Deinem Namen gerettet werden sollen. Erbarme Dich all der Kinder und jungen Leute, die jemand suchen, der sie rette und zu Dir führe.

Erbarme Dich all der Leidenden, die eines Trösters bedürfen, der sie in Deinem Herzen tröste. Bedenke, wie viele Seelen durch das Wirken wahrhaft heiligmäßiger Priester zur Vollkommenheit gelangen können. Darum, o Jesus, lass Dich von Mitleid rühren durch die Scharen des Volkes, die da hungern und dürsten nach den ewigen Quellen des Heiles. Gib, dass Deine Priester die ganze kranke Menschheit Dir zuführen, auf dass durch sie noch einmal die Erde erneuert, Deine Kirche erhöht und das Reich Deines Herzens im Frieden begründet werde.

Unbefleckte Jungfrau, Mutter des ewigen Priesters, und selber Opferpriesterin und Opferaltar unter dem Kreuze! Dort nahmst Du den Lieblingspriester Jesu, den heiligen Johannes, zu Deinem ersten Sohne an, der Dir, der Lehrerin und Königin der Apostel, im Abendmahlsaale zur Seite stand; nimm unser demütiges Flehen auf und lass es widerhallen im Herzen Deines göttlichen Sohnes. Erwirke mit Deiner fürbittenden Allmacht der Kirche Jesu ein stets sich erneuerndes Pfingstfest. Amen.

Für die geistlichen Stände

Allmächtiger, ewiger Gott! Du allein wirkst Großes und Wunderbares. Gieße aus über Deine Diener und über die ihnen anvertrauten Gemeinden den Geist heilkräftiger Gnade, und damit sie in Wahrheit Dir wohlgefällig seien, sende auf sie hernieder den immerwährenden Tau Deines Segens. Durch Jesus Christus, Deinen Sohn, der mit Dir lebt und herrscht von Ewigkeit zu Ewigkeit. Amen.

Gebet für die Priester in der Diaspora

Herr Jesus Christus, Du bist gekommen, damit alle das Leben haben und es in Fülle haben. Erbarme Dich der Christen in der Diaspora, die um ihren Glauben oft so schwer ringen müssen. Verleihe ihnen unerschütterlichen Glauben an Dich und treue Liebe zu Deiner heiligen Kirche. Sende ihnen Priester, die ihnen Dein Wort verkünden und Deine Gnade bringen. Gib uns allen ein verständiges und gütiges Herz, daß wir nicht aufhören, für die Glaubensbrüder zu beten und zu opfern. Der Du lebst und herrschest in Ewigkeit. Amen.

Gebet für die Missionare

Allmächtiger, ewiger Gott, du willst, daß alle gerettet werden und keiner verloren gehe: wir bitten Dich, sieh gnädig auf jene Völker, welche im Dunkel des Heidentums, in Unglauben oder Irrtum befangen sind, und verleihe, daß alle das Licht der Wahrheit erkennen, Deiner einen, heiligen, katholischen und apostolischen Kirche einverleibt und ihrer unschätzbaren Gnaden teilhaftig werden. Durch Christus unsern Herrn.

Gedenke, o Herr, Deiner Kirche! Erlöse sie von allem Übel, vollende sie in Deiner Liebe, sammle sie aus allen vier Winden, und führe sie geheiligt zu Deinem Reiche, das du für sie bereitet hast. Denn Dein ist die Macht und Herrlichkeit in alle Ewigkeit. Amen.

Für die kranken Priester

Allmächtiger, ewiger Gott, Du ewiges Heil der Gläubigen, erhöre uns, die wir für Deine kranken Diener Deine erbarmende Hilfe anflehen, damit sie wieder genesen und in Deiner Kirche Dir Dank darbringen. O Gott, nach Deinem Willen rinnen die Stunden unseres Lebens dahin; nimm an die Bitten und Opfer Deiner kranken Diener, für die wir Deine Barmherzigkeit anflehen und lass uns, die wir in Sorge um sie bangen, ob ihrer Rettung erfreut werden.

O Gott, Du einzige Stütze der menschlichen Schwäche, zeige die Macht Deiner Hilfe an Deinen kranken Dienern, damit sie, durch Deine Erbarmung aufgerichtet, neugekräftigt in Deiner heiligen Kirche wieder erscheinen dürfen. Das erbitten wir durch unsern Herrn Jesus Christus, Deinen Sohn, der mit Dir und dem Heiligen Geist lebt und herrscht von Ewigkeit zu Ewigkeit. Amen.

Für die verstorbenen Priester

Gott, Du hast unter den Nachfolgern der Apostel im Priesteramte Deine Diener mit priesterlicher Würde ausgezeichnet und ihnen unsagbare hohe Verantwortung übergeben.

Mit besonderer Liebe beten wir deshalb für alle verstorbenen Priester, Du mögest ihnen alles reichlich belohnen, was sie in ihrem opfervollen Leben aus Liebe zu Dir für uns getan haben. Vollende sie in Deinem Erbarmen und in der Gnade und gib, dass sie mit Dir zur ewiger Gemeinschaft vereinigt werden und lass sie Deine Herrlichkeit schauen.

Maria, Du Mutter des Ewigen Hohenpriesters Jesus Christus, unermesslich liebst Du die Priester und groß ist Dein Mitleid mit jenen Priestersöhnen, die in den Flammen des Fegfeuers leiden; du kennst ihr schmerzliches Los. Ich bitte Dich: durch alle Tränen und Schmerzen beim Tode Deines göttlichen Sohnes, komme Deinen Dienern zu Hilfe! Opfere Du dem Ewigen Vater das kostbare Blut Jesu auf, erflehe ihnen ewige Erlösung und lass sie heimfinden in die Freuden des Himmels.

Maria, wende Deine barmherzigen Augen besonders jenen Priesterseelen im Fegfeuer zu, die am verlassensten sind, erbitte ihnen die Gnade, dass sie bald der seligen Anschauung Gottes teilhaftig werden. Das erbitten wir, durch unsern Herrn Jesus Christus, Deinen Sohn, der mit Dir und dem Heiligen Geist lebt und herrscht von Ewigkeit zu Ewigkeit. Amen.

Für die verstorbenen Bischöfe

Gott, Du hast unter den Nachfolgern der Apostel im Priesteramt Deine Diener mit der bischöflichen Würde ausgezeichnet. Wir bitten Dich, o Herr: deine milde Barmherzigkeit, die wir anrufen, sei den Seelen Deiner Diener, den Bischöfen (Deines Dieners, unserem Bischof N. N.) zum Heile. Durch Deine Barmherzigkeit und Dein überreiches Erbarmen mögen sie mit Dir zur ewiger Gemeinschaft vereinigt werden.

Maria, unsere süßeste Mutter, wir bitten Dich, durch alle Deine Leiden beim Tode Deines Sohnes, opfere Du dem ewigen Vater das kostbare Blut Deines Sohnes auf für alle verstorbenen Bischöfe. Durch die unendlichen Verdienste Deines göttlichen Sohnes mögen sie alle der ewigen Herrlichkeit teilhaftig werden. Das erbitten wir, durch unsern Herrn Jesus Christus, Deinen Sohn, der mit Dir und dem Heiligen Geist lebt und herrscht von Ewigkeit zu Ewigkeit. Amen.

KIRCHENGEBETE

Liebe die heilige Kirche, sei ein lebendiges Glied der Kirche! Schließe dich an sie an, an ihr Gebet, ihr Opfer, ihre heiligen Sakramente! Frohlocken sollt ihr und satt euch trinken an der Tröstung Überfülle, die euch quillt.! (Ps. 121,1)

Liebe unseren Herrn und Heiland in Seiner heiligen Kirche! Sie ist sein geheimnisvoller Leib, den Er erlöst und reingewaschen hat mit Seinem Blute. Laßt uns verharren in der Wahrheit und durch die Liebe völlig verwachsen mit Christus. Denn Er ist unser Haupt und wir sind Seine Glieder.

Gebet um die Erhaltung des Glaubens

(v. hl. Klemens Maria Hofbauer)

500 Tage Ablaß einmal im Tag. (Ablaßkongr. 11. April 1888; Ponit. 10. Juli 1933)

V. Göttlicher Heiland! Sollte jetzt wirklich der schreckliche Augenblick gekommen sein, da nur wenige Christen übrigbleiben, die vom Geiste des Glaubens beseelt sind? Der Augenblick, da Dein Unwille sich regt und uns Deinen Schutz entzieht? Haben die Sünden, hat der schlechte Lebenswandel Deiner Kinder nunmehr

Deine Gerechtigkeit unwiderruflich zum Eingreifen veranlaßt?

A. Du bist der Stifter und Begründer unseres Glaubens. In der Bitterkeit unseres Herzens, in Demut und Zerknirschung flehen wir zu Dir: Laß nicht zu, daß das helle Licht des Glaubens bei uns erlischt! Denk an Deine früheren Erbarmungen, wirf einen mitleidsvollen Blick auf Deinen Weinberg! Mit Deiner Rechten hast Du ihn gepflanzt; er ist begossen mit dem Schweiße der Apostel, getränkt mit dem kostbaren Blute vieler tausend Martyrer, mit den Tränen vieler edelmütiger Büßer, befruchtet durch die Gebete zahlloser Bekenner und reiner Jungfrauen.

V. Göttlicher Mittler, sieh an die eifrigen Seelen, die ohne Unterlaß zu Dir aufblicken und zu Dir flehen um die Erhaltung des kostbarsten Gutes, des wahren Glaubens. Gerechter Gott, vollstrecke noch nicht das Urteil unserer Verwerfung! Schau nicht mehr auf unsere Sünden, schau vielmehr auf das anbetungswürdige Blut, das am Kreuze floß und uns das Heil erwarb, das Tag für Tag um Heil für uns fleht auf unseren Altären. Ja, erhalte uns den wahren römisch-katholischen Glauben!

A. Mögen Krankheiten uns heimsuchen, mögen Sorgen uns verzehren, mag das Unglück uns niederdrücken: Erhalte uns nur den heiligen Glauben! Wenn wir dieses hohe Gut besitzen, wollen wir gerne jedes Leid ertragen, dann kann nichts uns stören in unserem Glück. Wenn wir jedoch den Glauben, diesen kostbaren Schatz, nicht mehr haben, dann ist unser Unglück unsagbar, unermeßlich groß.

A. Guter Jesus, Du bist der Stifter unseres Glaubens. Erhalte ihn uns rein! Laß nicht zu, daß wir je einmal das Schifflein Petri verlassen! Gib, daß wir seinem Nachfolger, Deinem Stellvertreter hier auf Erden, treu und gehorsam bleiben! Eintracht soll herrschen in der heiligen Kirche, die Heiligkeit soll immer größer werden, der Päpstliche Stuhl soll frei und gesichert sein, die katholische Kirche soll mehr und mehr sich ausbreiten zum Heile für die Seelen.

Für die heilige Kirche

O Gott, Du höchster Hirt und Vater der Gläubigen! Du leitest und heiligst durch Deinen Geist die ganze Kirche und machst durch Jesus Christus die Herrlichkeit Deines Namens allen Völkern kund: erhalte und fördere das Werk Deiner Erbarmung, damit Deine heilige Kirche in allem Guten wachse, über die ganze Erde sich ausbreite und in dem Bekenntnis Deines Namens standhaft verharre.

O Herr, nimm das Gebet Deiner Kirche gnädig an, damit sie nach überstandenen Widerwärtigkeiten und besiegten Irrtümern DIR sicher und frei diene.
Das erbitten wir durch unseren Herrn JESUM CHRISTUM, Deinen Sohn, der mit Dir lebt und regiert in Einigkeit des Heiligen Geistes, Gott von Ewigkeit zu Ewigkeit. Amen.

Vaterunser... Gegrüßet… Ehre...

Gebet zum Hl. Geist für die Kirche

(Papst Leo XIII., Teilablass)

O Schöpfer, Heiliger Geist, stehe der katholischen Kirche gnädig bei, stärke und kräftige sie durch Deine himmlische Macht gegen die Angriffe ihrer Feinde; erneuere durch Deine Liebe und Gnade den Geist Deiner Diener, die Du gesalbt hast, damit sie in Dir den Vater und seinen eingeborenen Sohn Jesus Christus, unsern Herrn, verherrlichen! Amen.

Für die heilige Kirche

O Gott, Du willst, dass alle Menschen gerettet werden und zur Erkenntnis der Wahrheit kommen; so sende, wir bitten Dich, Arbeiter in Deine Ernte; lass sie voll Zuversicht Dein Wort verkünden, auf daß Deine Botschaft dahineile und in Herrlichkeit sei, und alle Völker Dich, den Einen wahren Gott, erkennen, wie auch Deinen von Dir gesandten Sohn, Jesus Christus, unsern Herrn. Amen.

Gebet für den Papst

(Aus Missale Romanum)

Opfernd wenden wir uns mit der ganzen heiligen Kirche an Gott, der allein sich einen Papst «nach seinem Herzen» erwecken kann, einen Hohenpriester, der in Wahrheit ein Abbild des Hohenpriesters Christus ist. Er ist Christi Stellvertreter, voll des Hl. Geistes, voll der Liebe zu Christus und voll der Wahrheit, bekleidet mit dem Gewande der Heiligkeit, fähig, über die

Seelen der Gläubigen den Duft himmlischer Weisheit auszuströmen.

V: Strecke Deine Hand aus über Deinen Auserwählten,
A: Den Menschensohn, den Du Dir befestigt hast.

<u>Lasset uns beten:</u> In tiefer Demut flehen wir Dich an, Herr, daß Deine unermeßliche Vaterliebe der hochheiligen Römischen Kirche einen Oberhirten gewähre, der wegen seines frommen Eifers Dir stets wohlgefalle und Deinem Volk wegen seiner heilbringenden Regierung zum Ruhm Deines Namens beständig ehrwürdig sei. Durch Christus unsern Herrn. Amen.

Gebet für die Bischöfe

(vom hl. Petrus Canisius)

Allmächtiger, ewiger GOTT, du hast für die Leitung Deiner heiligen Kirche und die Glaubenseinheit über uns die Bischöfe gesetzt als Nachfolger der Apostel, als Wächter und Beschützer der Seelen.
Gieße aus über sie, so flehen wir inständig zu Dir, eine Gnadenfülle, wirksam genug, dass sie sich immer mehr als gute Hirten bewähren und nutzbringend arbeiten zu Deiner Verherrlichung und zu unserem Heil. Dass sie durch ihr Wort und vor allem durch ihr Beispiel vollkommen alle Pflichten erfüllen, die ihnen aufgetragen sind. Dass sie den christlichen Glauben rein von jedem Irrtum bewahren. Dass sie unter ihrer glückbringenden Leitung allezeit leben können in Frömmigkeit, Frieden und christlicher Liebe. Amen.

Gebet für die Bischöfe

Jesus, Du Fürst der Hirten!
Schaue gnädig auf Deinen Diener, unseren Bischof N. N., den Du als Hirten berufen hast. Mache ihn zu einem Hirten nach Deinem Herzen, zu einem tugendhaften Nachfolger der Apostel in seinem Dienste.

Gib ihm, wir bitten Dich, dass er in Wahrheit und Gehorsam, durch Wort und Beispiel seine Untergebenen fördere, mit dem Brot der Wahrheit die Seelen nähre, sie vor Irrwegen und Gefahren schütze und das Erbarmen des himmlischen Vaters auf sie herabflehe.

Erneuere Tag um Tag in ihm die Kraft des Heiligen Geistes, schenke ihm das Licht der Weisheit und erfülle ihn mit der Hirtenliebe Deines Herzens. Gib ihm Glaube, Liebe, Weisheit und Kraft und schenke ihm den Reichtum Deiner Geistesgaben, dass er unsere Finsternis erleuchte, unsere Herzen mit Deiner heiligen Liebe entzünde, uns auf dem Weg des Heiles leite, auf dass er Vorbild der Herde sei, welche Du ihm anvertraut hast.

Gib ihm würdige Mitarbeiter in seinem Amte und rüste ihn aus mit Klugheit, damit er sie gut auswähle, mit Weisheit, damit er sie heilsam verwende, mit Wachsamkeit, damit er sie recht leite. Lass ihn erstreben, was Dir wohlgefällig ist und mit ganzer Kraft es vollbringen. Segne ihn mit der Fülle Deiner Gnade und stärke ihn in seinem Amte. Lenke ihn nach Deiner Güte samt seiner ihm anvertrauten Herde auf den Weg des ewigen Heiles. Durch Christus, unsern Herrn. Amen.

Rosenkranzgebete

Die Vielfalt der Rosenkranzgebete sollen die klassischen Rosenkränze (freudenreiche, schmerzhafte, glorreiche) nicht ersetzen, sondern die Gebetsvielfalt erweitern.

Rosenkranz für die Priester

O mein Jesus, Du hast gesagt: „Bittet und ihr werdet empfangen, klopfet an und es wird euch aufgetan werden." „Um was ihr immer den Vater in meinem Namen bitten werdet, ER wird es euch gewähren." Siehe wir kommen und klopfen an und bitten:

1. Jesus, **um Deines Namens willen** schenke uns viele seeleneifrige Priester.

2. Jesus, **um Deines Namens willen** schenke uns jungfräulich-reine Priester.

3. Jesus, **um Deines Namens willen** schenke uns demütige und gehorsame Priester.

4. Jesus, **um Deines Namens willen** schenke uns geduldige und beharrliche Priester.

5. Jesus, **um Deines Namens willen** schenke uns viele marianische Priester.

Rosenkranz zum Heiligsten Herzen Jesu

1. Durch Dein gütigstes Herz erbitte uns
   viele heilige Priester.

2. Durch Dein demütigstes Herz erbitte uns
   viele heilige Bischöfe.

3. Durch Dein erbarmungsreichstes Herz erbitte uns
   viele heilige Missionare.

4. Durch Dein sanftmütigstes Herz erbitte uns
   viele heilige Ordensleute.

5. Durch Dein liebreichstes Herz erbitte uns
   viele heilige Laienapostel.

Rosenkranz zu den heiligen Wunden Jesu um Heilung der Wunden der Kirche

Herr und Heiland, gieße in die Wunden der Kirche Deine einigende Gnade, Deine Liebe, damit sie die Spaltungen und allen Irrtum aufgebe und Dir, dem wahren Hirten würdig diene.
Liebevollster, gekreuzigter Herr Jesu, demütig bete ich an Deine heiligen fünf Wunden. In diese Deine heiligen Wunden, gekreuzigter Christus, lege ich die Wunden der heiligen Kirche.

1. Liebevollster Herr Jesu, ich opfere Dir die Verdienste Deiner heiligen Wunden auf, um die Wunde der Kirche **„das Schwinden des Glaubensgeistes"** zu heilen.

(Bei den 10 kleinen Perlen)
„O Jesus, Gnade und Erbarmen durch die Verdienste Deiner heiligen Wunden"

2. Liebevollster Herr Jesu, ich opfere Dir die Verdienste Deiner heiligen Wunden auf, um die Wunde der Kirche **„das Schwinden des Gebetsgeistes"** zu heilen.

3. Liebevollster Herr Jesu, ich opfere Dir die Verdienste Deiner heiligen Wunden auf, um die Wunde der Kirche **„das Schwinden der Ehrfurcht"** zu heilen.

4. Liebevollster Herr Jesu, ich opfere Dir die Verdienste Deiner heiligen Wunden auf, um die Wunde der Kirche **„das Schwinden des Sündenbewusstseins"** zu heilen.

5. Liebevollster Herr Jesu, ich opfere Dir die Verdienste Deiner heiligen Wunden auf, um die Wunde der Kirche **„das Schwinden der Opfergesinnung"** zu heilen.

<u>Schlussgebet:</u> Immerwährendes Erbarmen, reinige und schirme Deine Kirche, o Herr; weil sie ohne Dich nicht heil bestehen kann, so werde sie allzeit durch Deine Gnade geleitet. Durch unsern Jesus Christus, unsern Herrn, Amen.

(Rosa Hofer)

Heilig-Geist-Rosenkranz für die Priester

1. Jesus, der Du das Herz der Priester für die Gnadenfülle des Heiligen Geistes empfänglich machen wollest.

2. Jesus, der Du den Priestern den Heiligen Geist erbitten und in ihnen die drei göttlichen Tugenden vermehren und stärken wollest.

3. Jesus, der Du die Priester durch den Heiligen Geist stärken, erleuchten, leiten, regieren, führen und heiligen wollest.

4. Jesus, der Du das Herz der Priester mit der Liebe des Heiligen Geistes entzünden und mit tiefer Demut, Sanftmut, Geduld, Ergebung, Hingabe, Kraft und Heiligkeit erfüllen wollest.

5. Jesus, der Du den Priestern die sieben Gaben und zwölf Früchte des Heiligen Geistes erflehen, alles Gute verleihen und alles Böse abhalten wollest.

Rosenkranz für die ärmste und verlassenste Priesterseele im Fegfeuer

(33 Aufopferungen des kostbaren Blutes Christi)

Der Rosenkränzlein besteht aus 3mal 4 großen Perlen und 3mal 11 kleinen Perlen

Man gedenkt der Armen Seele desjenigen Priesters, die im Fegfeuer am meisten zu leiden hat und für die niemand betet. Das Rosenkränzlein beginnt mit dem Eingangsgebet und dem „De profundis…"

Eingangsgebet:

Schmerzensmutter Maria, mit dir will ich den verblutenden Erlöser am Kreuz betrachten. Durch deine reinsten Hände opfere ich dir dem Ewigen Vater 33mal das Kostbare Blut Jesu auf für die ärmste und verlassenste Priesterseele im Fegfeuer, die dort am meisten leidet und für die niemand betet.

Heiliger Schutzengel, grüße diese ärmste Priesterseele und bitte sie, daß sie auch meiner großen Anliegen… im Bittgebet vor dem Herrn gedenke.

De profundis: Aus der Tiefe rufe ich, Herr, zu dir: Herr, höre meine Stimme!
Wende dein Ohr mir zu, achte auf mein lautes Flehen!
Würdest du, Herr, unsere Sünden beachten, Herr, wer könnte bestehen?
Doch bei dir ist Vergebung, damit man in Ehrfurcht dir dient.
Ich hoffe auf den Herrn, es hofft meine Seele,
ich warte voll Vertrauen auf sein Wort.
Meine Seele wartet auf den Herrn mehr als die Wächter auf den Morgen.

Mehr als die Wächter auf den Morgen soll Israel harren auf den Herrn.

Denn beim Herrn ist die Huld, bei ihm ist Erlösung in Fülle.

Ja, er wird Israel erlösen von all seinen Sünden. Amen.

Beim Kreuz und zwischen den 3 Rosenkranzgesätzen betet man:
(4 Mal) O Unsere Liebe Frau vom Heiligsten Herzen, bitte für diese arme Priesterseele.

Bei den elf kleinen Perlen betet man:
(11 Mal) Ewiger Vater, ich opfere Dir das kostbare Blut Jesu auf, für die Seele jenes Priesters, die im Fegfeuer am meisten zu leiden hat und am verlassensten ist.

Am Schluss betet man:
Und du, arme Priesterseele, bitte für mich und erflehe mir diese Gnade ..., wenn es zur Ehre Gottes gereicht und zum Heile meiner Seele ist.

(Hier sagt man sein Anliegen; einmal.)

Schlussgebet: Herr Jesus Christus, ewiger Priester, der Du während Deines Erdenwandels jedem armen Leidenden und Verlassenen geholfen hast, ich bitte Dich, wende Deinen mitleidsvollen Blick auch der Seele jenes Priesters zu, welche im Fegefeuer am meisten zu leiden hat und von allen vergessen und verlassen ist. Schau doch, wie diese Seele von den schrecklichen Flammen gepeinigt wird und herzzerreißend um Erbarmen und Hilfe fleht.

O barmherzigstes Herz Jesu, Du hast am Ölberg in bitterster Einsamkeit und seelischen Qualen blutschwitzend gebetet: „Vater, wenn es möglich ist, lasse diesen Kelch an mir vorübergehen, jedoch nicht mein Wille, sondern der Deine soll geschehen." Um dieser Deiner Ergebenheit, Deines schmerzhaften Leidens und Deiner Todesangst willen, bitte ich Dich, erbarme Dich der armen Priesterseele, für welche ich Dich bitte. Lindere ihre Leiden, und tröste sie in ihrer Verlassenheit, so wie Dich Dein himmlischer Vater durch seinen Engel getröstet hat.

Unsere Liebe Frau vom Heiligsten Herzen, Mutter der Barmherzigkeit und Mutter des ewigen Priesters, Königin der Apostel, wende Deine barmherzigen Augen der armen Priesterseele zu, für welche ich Dich bitte.

O milde Königin vom Heiligsten Herzen, zeige Deine Macht und befreie die Seele dieses Priesters von der Pein des Fegefeuers um der Verdienste des kostbaren Blutes Jesu willen!

O wunderbare Mutter, gedenke besonders aller Priester, die heute im Todeskampf liegen und jener, die in Gefahr stehen, ihre priesterliche Krone vor des Satans Füße zu werfen.

Hl. Josef, hl. Erzengel Michael, ihr heilige Apostel, Bischöfe und Priester, alle heiligen Bewohner des Paradieses, bittet für diese leidende Priesterseele, tröstet sie, helft ihr und erbittet ihr eine baldige Erlösung und einen glücklichen Eingang in das himmlische Reich. Amen.

Aufopferungsgebete in der Krankheit
(NOVENE)

1. Tag
für die verfolgten Priester und Missionare

Göttlicher Heiland, Du Heil der Menschheit und Bruder aller Priester und Missionare! Mit Deinem Leiden am Kreuze opfere ich heute durch das Unbefleckte Herz Mariens dem Vater im Himmel alle Leiden und Schmerzen auf für die verfolgten Priester und Missionare, die heute leiden müssen. Gib ihnen Kraft und Trost in ihren schweren Stunden, damit sie freudig um Deines Namens willen alle Unbilden, Verfolgungen und Misshandlungen ertragen. Amen.

Vater unser...

2. Tag
für die Priester, die heute im Dienst am Kranken- und Sterbebett stehen

Barmherziger Gott und Heiland. Ich opfere Dir heute die schweren Stunden meiner Schmerzen und Krankheit auf für das Wirken Deiner Priester, die heute am Kranken- und Sterbebett stehen, damit ihr Dienst gesegnet seiet.

Gib o Gott, dass heute kein Priester zu einem Kranken oder Sterbenden zu spät oder vergebens kommt. Möge keine Seele, die vom Priester die heiligen Krankensakramente empfängt, verloren gehen. Jesus, Heiland der Welt, erbarme Dich aller derer, die heute sterben müssen. Amen.

Vater unser...

3. Tag
für die Priester und Missionare, die erschöpft sind von ihren apostolischen Wanderungen

O Gott, ich opfere Dir heute die schweren Stunden meiner Krankheit auf, um den Segen auf Deine Priester und Missionare herabzuziehen, die von ihrer apostolischen Tätigkeit erschöpft und ermüdet sind. Stärke sie, segne sie, gib ihnen Geduld und neue Kraft, alle Strapazen für Dich freudig zu tragen. Amen.

Vater unser...

4. Tag
für die Priester, die heute das heilige Kreuzesopfer erneuern

O Gott und Heiland, ich opfere Dir heute meine Leiden und Schmerzen auf für die Priester. Sie erneuern ja jeden Tag am Altare das Heilige Opfer, um uns die Früchte Deines Leidens und Sterbens zuzuwenden. Auch ich habe so oft daran teilgenommen in gesunden Tagen und Dir so wenig für diese große Gnade gedankt. Nimm heute dieses kleine Opfer an und segne alle Priester, die täglich das unblutige Kreuzesopfer auf dem Altare Deiner Kirche erneuern und gib auch mir daraus geistige Anteilnahme. Amen.

Vater unser...

5. Tag
für die Priester, die ihrer heiligen Berufung untreu geworden sind

O Gott und Heiland, ich opfere Dir heute meine Stunden der Krankheit und des Leidens auf für jene Priester, die ihres heiligen Berufes untreu geworden sind und in Sünden leben. Nimm mein Gebet und mein geringes Opfer an; ich vereinige es mit den Leiden Deiner Mutter unter dem Kreuze. Rufe in Deiner Barmherzigkeit und durch Dein Erbarmen die Verirrten zurück an Dein göttliches Herz und heile ihre Berufung; lass sie nicht ohne die Gnade der Bekehrung aus diesem Leben scheiden. Amen.

Vater unser...

6. Tag
für die Priester, die von gewissenlosen Menschen verleumdet werden

O Gott und Heiland, ich opfere Dir heute alles Bittere und Schwere in meiner Krankheit auf für die Priester, die verleumdet werden, damit Du, o Gott, jedes Opfer, im Ertragen der Verleumdung, das sie bringen, segnen mögest. Gib diesen Priestern die Gnade, damit sie durch keine Feindseligkeiten in ihrem Amt gehindert werden. Schenke ihnen die Gnade der Treue und Beharrlichkeit. Amen.

Vater unser...

7. Tag
für die Priester, die das heilige Bußsakrament erteilen

O Gott und Heiland, ich opfere Dir heute meine Leiden und Schmerzen auf für die Priester, Deine Stellvertreter, die heute das Bußsakrament erteilen und das Gnadenleben in den Seelen erneuern. Sie heilen durch Deine Gnade alle Seelenwunden ganz und unfehlbar, wenn die Menschen aufrichtig danach verlangen und demütig aufzeigen. Jesus, Du errettest alles Sündenelend der Seele im heiligen Bußsakramente, reinigst sie und erneuerst ihr Gnadenleben. Ohne Deine Gnade kann nichts standhaft bleiben im Guten. Göttlicher Heiland, segne die Arbeiten der Priester am Heile der Seelen!

Heiliger Geist, Du Spender aller Gnaden, der Du alle Fruchtbarkeit in den Seelen entfaltest; mehre das Gnadenleben in allen Priesterseelen, damit ihr Wirken im Bußsakramente reiche Früchte trage. Amen. Vater unser...

8. Tag
für die Priesterseelen, die im Fegfeuer leiden
O Gott und Heiland, ich opfere Dir heute die Stunden der Krankheit und des Leidens auf für die Priesterseelen im Fegfeuer und für alle Armen Seelen, die nach Erlösung dürsten, vor allem nach Gebet und Opfer. O Gott, durch Deine Barmherzigkeit und Dein überreiches Erbarmen mögen sie alle in Deine ewige heilige Gemeinschaft gelangen. Jesus, gib Deinen Priestern ein großes Verlangen, Seelen zu retten. Segne ihre Opfer und Gebete auch für die leidenden Priesterseelen im Fegfeuer. Amen. Vater unser...

9. Tag
für die Priester, die Gott zum Priestertum berufen will
Göttlicher Heiland, als Du am Abend vor Deinem Leiden die Heilige Eucharistie eingesetzt hast, hast Du auch das Priestertum eingesetzt. Beides ist innig miteinander verbunden. - Ohne Priester keine Eucharistie, ohne Eucharistie keine Priester. Du hast in der Nacht vor Deinem Leiden für alle Menschen gebetet und besonders

auch für alle Priester, die es werden sollen.

Gott und Heiland, ich opfere Dir den heutigen Tag auf für alle, die Du zum Priestertum berufen willst, nimm mein Opfer und Gebet an. Ich bitte Dich, halte alle bösen Nachstellungen von Deinen Priestern und Priesterkandidaten fern; entzünde ihre Herzen zu jener Liebe, mit der Du das heilige Abendmahl Deinen Aposteln gereicht hast. Herz Jesu, vermehre die Zahl der Priester Deiner Kirche. Amen. Vater unser...

Schlussgebet: O Gott, ich danke Dir, dass ich Dir meine Leiden aufopfern kann. Deine Liebe hat mir diese Krankheit geschickt. Deine Weisheit weiß, welchen Segen ich durch geduldiges und frommes Kreuztragen stiften kann. Lass mich Deine heiligen Absichten stündlich erkennen und erfüllen. Ich will froh mein Kreuz tragen für die Priester der heiligen Kirche, damit sie würdig und mit großem Segen das heilige Messopfer feiern für die Lebenden und Verstorbenen, damit ihre Worte auf der Kanzel, in der Schule und im Beichtstuhl Früchte tragen; damit sie durch keine Feindseligkeiten gewissenloser Menschen in ihrem Amte gehindert werden. Nimm mein Tagesopfer und Gebet an als geistigen Beitrag für Deine Priester und Missionare. Amen.

(Rosa Hofer)

Kommunion-Aufopferungsgebet
für die Priester

Lieber Heiland, ich bringe heute ein Herz voll Anliegen zu Dir und bitte Dich schon im Voraus um Erhörung. Diese heilige Kommunion möchte ich mit größter Andacht, Demut und Liebe empfangen und dabei alle Verdienste aufopfern für die Heiligung aller Priester. Ihnen sollen alle Gebete und guten Werke des heutigen Tages zugutekommen. Segne mich und segne alle Priester.

Zum Danke für Deine Einkehr in meine Seele und für dieses wunderbare Sakrament Deiner Liebe, das die Priester auf den Altären täglich in Deinem Namen bereiten, schenke ich Dir den heutigen Tag mit allen Opfern und Leiden, mit allen Gebeten und Freuden für Deine Priester. Lass alle Gnaden ihnen zugutekommen. Zugleich opfere ich Dir auch die Verdienste der allerseligsten Jungfrau Maria auf, sowie aller heiligen Bischöfe, Märtyrer und Bekenner, damit mein Opfer in Deinen Augen wohlgefällig werde.

Ich schließe mich in alle heiligen Messopfer und Gebete Deiner Kirche ein und möchte den ganzen Tag in inniger Gemeinschaft mit der Kirche leben und leiden, beten und opfern für Deine Priester. Schenke uns fromme Priester, gotterleuchtete Priester, heilige Priester.

Lieber göttlicher Heiland, ich möchte Dir für die heilige Eucharistie und Einsetzung des Priestertums danken. Halte alle böse Nachstellungen von Deinen Priestern und

Priesterkandidaten fern, entzünde ihre Herzen zu jener Liebe, mit der Du das heilige Abendmahl Deinen Aposteln gereicht hast. Erleuchte sie jeden Tag in ihrem heiligen Amte mit Deinem Gnadenlichte. Stärke sie in ihren Kämpfen und segne alle Werke zur Rettung der Seelen. Amen.

Wechselspruch

V. Du bist Priester in Ewigkeit.
A. Nach der Ordnung Melchisedech.

V. Gehet hin und lehret alle Völker! Tauft sie
im Namen des Vaters und des + Sohnes und des Heiligen
Geistes und lehrt sie alles halten, was Ich
euch geboten habe. Und seht, Ich bin bei euch alle
Tage bis ans Ende der Welt.

A. Du bist Priester in Ewigkeit, nach der
Ordnung des Melchisedech.

V. Das ist Mein Leib, der für euch hingegeben
wird – das ist Mein Blut, das für euch vergossen
wird. Tut dies zu meinem Gedächtnis!

A. Du bist Priester in Ewigkeit, nach der
Ordnung des Melchisedech.

V. Welchen ihr die Sünden nachlassen werdet,
denen sind sie nachgelassen; welchen ihr sie
behalten werdet, denen sind sie behalten.

A. Du bist Priester in Ewigkeit, nach der
Ordnung des Melchisedech. Amen.

Lesung (Hebr. 4,14 ff)
Das Amt des Hohenpriesters

Brief des hl. Paulus an die Hebräer:

V. Da wir nun einen erhabenen Hohenpriester haben, der die Himmel durchschritten hat, Jesus, den Sohn Gottes, lasst uns an dem Bekenntnis festhalten. Wir haben ja nicht einen Hohenpriester, der nicht mitfühlen könnte mit unserer Schwäche, sondern einen, der in allem wie wir in Versuchung geführt worden ist, aber nicht gesündigt hat. Lasst uns also voll Zuversicht hingehen zum Thron der Gnade, damit wir Erbarmen und Gnade finden und so Hilfe erlangen zur rechten Zeit. Denn jeder Hohepriester wird aus den Menschen ausgewählt und für die Menschen eingesetzt zum Dienst vor Gott, um Gaben und Opfer für die Sünden darzubringen. Er ist fähig, für die Unwissenden und Irrenden Verständnis aufzubringen, da auch er der Schwachheit unterworfen ist; deshalb muss er für sich selbst ebenso wie für das Volk Sündopfer darbringen. Und keiner nimmt sich eigenmächtig diese Würde, sondern er wird von Gott berufen, so wie Aaron. So hat auch Christus sich nicht selbst die Würde eines Hohenpriesters verliehen, sondern der, der zu ihm gesprochen hat: „Mein Sohn bist Du, heute habe ich Dich gezeugt," wie er auch an anderer Stelle sagt: „Du bist Priester auf ewig nach der Ordnung Melchisedeks." A. Dank sei Gott.

Lesung (Hebr. 7, 24-27)
Christus, der vollkommene Priester

V.: Jesus hat, weil er auf ewig bleibt, ein unvergängliches Priestertum. Darum kann er auch die, die durch ihn vor

Gott hintreten, für immer retten; denn er lebt allezeit, um für sie einzutreten. Ein solcher Hoherpriester war für uns in der Tat notwendig: einer, der heilig ist, unschuldig, makellos, abgesondert von den Sündern und erhöht über die Himmel; einer, der es nicht Tag für Tag nötig hat, wie die Hohenpriester zuerst für die eigenen Sünden Opfer darzubringen und dann für die des Volkes; denn das hat er ein für alle Mal getan, als er sich selbst dargebracht hat. A.: Dank sei Gott.

Das Hohepriesterliches Gebet (Joh. 17, 1-19)

Jesu Gebet um seine Verherrlichung

1 Jesus erhob seine Augen zum Himmel und betete: „Vater, die Stunde ist gekommen: - verherrliche Deinen Sohn, damit Dein Sohn Dich verherrlicht.

2 Du hast ihm Macht über alle Menschen gegeben, damit er allen, die Du ihm gegeben hast, ewiges Leben schenkt.

3 Das ist das ewige Leben, Dich den einzigen wahren Gott, zu erkennen und Jesus Christus, den Du gesandt hast.

4 Ich habe Dich auf der Erde verherrlicht und das Werk zu Ende geführt, das Du mir aufgetragen hast.

5 Vater, verherrliche Du mich jetzt bei Dir mit der Herrlichkeit, die ich bei Dir hatte, bevor die Welt war.

6 Ich habe Deinen Namen den Menschen offenbart, die Du mir aus der Welt gegeben hast. Dein waren sie, und Du hast sie mir gegeben, und sie haben an Deinem Wort festgehalten.

7 Sie haben jetzt erkannt, dass alles, was Du mir gegeben hast, von Dir ist.

8 Denn die Worte, die Du mir gegeben hast, gab ich

ihnen, und sie haben sie angenommen. Sie haben wirklich erkannt, dass ich von Dir ausgegangen bin, und sie sind zu dem Glauben gekommen, dass Du mich gesandt hast.

Jesu Gebet für seine Jünger

9 Für sie bitte ich, nicht für die Welt bitte ich, sondern für alle, die Du mir gegeben hast; denn sie gehören Dir.

10 Alles, was mein ist, ist Dein, und was Dein ist, ist mein, in ihnen bin ich verherrlicht.

11 Ich bin nicht mehr in der Welt, aber sie sind in der Welt, und ich gehe zu Dir. Heiliger Vater, bewahre sie in Deinem Namen, die Du mir gegeben hast, damit sie eins sind wie wir.

12 Solange ich bei ihnen war, bewahrte ich sie in Deinem Namen, den Du mir gegeben hast. Und ich habe sie behütet, und keiner von ihnen ging verloren, außer dem Sohn des Verderbens, damit sich die Schrift erfüllt.

13 Aber jetzt gehe ich zu Dir. Doch dies rede ich noch in der Welt, damit sie meine Freude in Fülle in sich haben.

14 Ich habe ihnen Dein Wort gegeben, und die Welt hat sie gehasst, weil sie nicht von der Welt sind, wie auch ich nicht von der Welt bin.

15 Ich bitte nicht, dass Du sie aus der Welt nimmst, sondern, dass Du sie vor dem Bösen bewahrst.

16 Wie sind nicht von der Welt, wie auch ich nicht von der Welt bin.

17 Heilige sie in der Wahrheit; Dein Wort ist Wahrheit.

18 Wie Du mich in die Welt gesandt hast, so habe auch ich sie in die Welt gesandt.

19 Und ich heilige mich für sie, damit sie in der Wahrheit geheiligt sind.

Priesterlieder

Lied: Segne Du, Maria, unsern Priesterstand

1. Segne Du, Maria, unsern Priesterstand,
reichen Segen spende jede Priesterhand,
segne alle Priester, die auf Erden sind,
/: Segne sie, Maria, mit dem lieben Kind! :/

2. Segne Du, Maria, jedes Priesterwort,
dass es Früchte trage in die Herzen fort.
Segne Du ihr Wirken für das Gottesreich,
/: mach durch Deinen Segen all' dem Heiland
gleich. :/

3. Segne Du, Maria, jedes Priesterherz,
segne seine Freuden, segne seinen Schmerz.
Segne all' sein Ringen, bis es sterbend bricht,
/: stehe ihm zur Seite auf dem Weg zum Licht! :/

4. Segne Du, Maria, jedes Priesterherz;
lass sie Jesus folgen treu in Freud und Schmerz.
Stärke ihren Glauben, mehr' der Hoffnung Licht,
/: segne ihre Liebe, lass' sie wanken nicht:/

Lied: Sende uns Priester

(Melodie nach: Lobe den Herren, den mächtigen König der Ehren)

1. Sende uns Priester, o Herr, die Dein Wollen erfüllen, mit Deinem Worte den Hunger der Pilger zu stillen: Du kennst die Not! Schenke uns Priester, o Gott, nach Deinem heiligen Willen.

2. Sende uns Priester, Dein Heil zu den Menschen zu tragen, ihnen in Vollmacht Dein Wort der Vergebung zu sagen: Du kennst die Not! Schenke uns Priester, o Gott, solches in Demut zu wagen.

3. Sende uns Priester, vor Dir am Altare zu stehen, um das Geheimnis des Glaubens getreu zu begehen: Du kennst die Not! Schenke uns Priester, o Gott, für dieses heil'ge Geschehen.

4. Sende uns Priester, das Lob Deines Namens zu singen! Dein Brot des Lebens den Alten und Kranken zu bringen: In letzter Not steh' ihnen bei, guter Gott, schenk' ihrem Dienste Gelingen.

5. Sende uns Priester, Dein Volk, Herr, als Hirten zu führen! Lass sie, o gütiger Herr, deine Liebe verspüren! Gnädiger Gott, hilf auch den Priestern in Not, die ohne Dich sich verlieren!

Lied: Herr, segne, die Du hast erwählt

(Melodie nach: Komm Schöpfer Geist, kehr bei uns ein)

1. Herr, segne, die Du hast erwählt,
dass sie, von Deinem Geist beseelt,
ihr heil'ges Amt in Tat und Lehr'
verwalten treu zu Deiner Ehr'!

2. Gib ihnen, Herr des Glaubens Licht,
und Mut, der ewig wanket nicht,
dass sie im Heil'gen Geiste Dein
das Wort verkünden wahr und rein!

3. Gib, dass der Hoffnung fester Stab
Sie leite über Tod und Grab,
dass sie vor keinem Feine scheu,
auf Deinem Wege bleiben treu!

4. Schenk ihnen, Herr, die heil'ge Lieb,
Die dich herab zur Erde treib!
Gib auch Geduld und jene Kraft,
die immerdar den Sieg verschafft!

5. O großer Geist der Heiligkeit,
begnade sie, die Du geweiht,
und lass die sieben Gaben Dein
allzeit in ihnen wirksam sein!

Lied: In seinen Weinberg ruft

(Melodie nach: Nun danket alle Gott mit Herzen, Mund und Händen)

In sei - nen Weinberg ruft der Herr der
wohl dem, der sich be - reit zum Priester-
großen Ernte; Kraft Got-tes Geist wird
dienst er - klärte.
er uns wan-deln Brot und Wein und wird
durch Christi Gnad uns Quell des Segens sein.

1. Das Amt, das Vollmacht hat
   zu lösen und zu binden
   in Wort und Sakrament
   Reich Gottes zu verkünden,
   ist Zeichen in der Welt,
   daß Gott an einem Tag
   den Menschen aller Zeit
   Erlösung hat gebracht.

2. Herr, sende Priester aus,
   die uns im Geist erneuern
   und Christi Liebesmahl
   in den Gemeinden feiern.
   Ihr Hoherpriester ist
   der Herr in Herrlichkeit
   die Himmel er durchschritt
   und herrscht in Ewigkeit.

(Bei Priesterweihen, Primizen u. Amtseinführungen)

3. Voll Freude feiern wir
   im Hause unsres Herren.
   Ein neuer Priester dient,
   Gott Vater, Dir zu Ehren.
   Er steht am Weg des Heils,
   gibt Weisung durch das Wort
   und Christus schenkt durch ihn
   Versöhnung uns mit Gott.

Lied: Beistand, Tröster, Heiliger Geist:

Kv. 1.–7. Bei - stand, Trö - ster, Heil - ger Geist:

komm, wie Je - su Wort ver - heißt,

komm, du Kraft von — o - ben. **Kv. <**

Hauch die sie - ben Ga - ben Dein

in die Prie - ster - herzen ein,

Komm, du Kraft von — o - ben!

Und voll - end' an ihn' in Gnad'

was die Weih' be - gonnen hat.

Komm, du Kraft von — o - ben!

1. Deine **WEISHEIT** hauch' ihn' ein,
   dass sie dienen Gott allein.
   Komm du Kraft von oben.

2. Um **VERSTAND** und Licht wir fleh'n,
   dass sie Gottes Wahrheit lehr 'n.
   Komm du Kraft von oben.

3. Steh ihn bei mit Deinem **RAT,**
   dass sie geh'n den rechten Pfad.
   Komm du Kraft von oben.

4. **STÄRKE**, gib in Kampf und Streit,
   festzusteh'n trotz Kreuz und Leid.
   Komm du Kraft von oben.

5. Lehr sie heil'ge **WISSENSCHAFT**
   von des Glaubens Siegeskraft.
   Komm du Kraft von oben.

6. Schenk ihn' wahre **FRÖMMIGKEIT**,
   die das Christenleben weiht,
   Komm du Kraft von oben.

7. Halte durch die **FURCHT des HERRN**
   sie von Schuld und Sünde fern.
   Komm du Kraft von oben.
   Dass sie bleiben allezeit,
   Tempel Deiner Herrlichkeit.
   Komm du Kraft von oben.

Lied: Ein Priesterherz ist Jesu Herz

das

1.-3. Ein Priesterherz ist Je-su-herz, es

und

1. Op-fer-lamm für un-sre Sün-den, sucht
2. füh-let nur die fremden Lei-den, es
3. See-len nur sind sein Be-geh-ren! Für

1. ü-ber-all in Sorg und Schmerz, die
2. nimmt für sich der Men-schen Schmerz und
3. See-len litt es Tod und Schmerz, für

1. mü-den Schäflein auf-zu-fin-den.
2. gibt da-für das Himmels Freu-den.
3. See-len will's die Lieb' ver-zeh-ren.

1.-3. O hei-lig Herz für im-mer-dar, mach

1. - 3. ih - re Her - zen zum Al - tar!

107

1.- 3.   Und las - se sie, wie Du so   rein,

1.- 3.   Dir allzeit   heil' - ge Prie-ster sein! Und

1. - 3.   las - se sie, wie Du so   rein,

1. - 3.   Dir all – zeit heil'- ge Prie-ster   sein!

Lied: Zum ew'gen Hohenpriester
(Melodie nach: Ein Haus voll Glorie schauet)

1. Zum ew'gen Hohenpriester, zum König aller Welt,
   hat Christus dich der Vater, gesalbt und auserwählt.

   Christus, du allein, du sollst König sein,
   für alle Welt und Zeit, für alle Ewigkeit.

8. Als reinstes aller Opfer, als Friedensopferlamm,
   gabst Du uns zu erlösen, dich hin am
   Kreuzesstamm.
   Christus, du allein, ...

9. Es sollen alle Welten, dir dienen jederzeit,
   dein Reich es soll umfassen, die Zeit und Ewigkeit.
   Christus, du allein, ...

10. Es sei das Reich der Wahrheit, der Lieb' und
    Heiligkeit, des Lebens und des Friedens und der
    Gerechtigkeit.
    Christus, du allein, ...

11. So lasset froh uns singen mit allem Himmelsheer,
    ein Loblied ohne Ende dem König hoch und hehr:
    Christus, du allein, ...

12. Hochheilig, heilig, heilig bist Du in Ewigkeit,
    erfüllt sind Erd und Himmel von Deiner Herrlichkeit.
    Christus, du allein, ...

Lied: O Unbeflecktes Herz, o Maria

1. O unbeflecktes Herz o Maria,
    O unbeflecktes Herz o Maria;
    /: Sei Du Weg und Leuchte,
    sei Du Weg und Leuchte,
    sei du Weg für Deine Kinder hier auf Welt. :/

2. All Deine Priester, die ganz dir geweiht sind,
    all Deine Priester, die ganz dir geweiht sind;
    /: Du wirst sie bewahren,
    um Dein Herz sie scharen,
    dass sie ähnlich werden Jesus, Deinem Sohn.:/

3. Sieh' Dein Volk, das sich jetzt dir geweiht hat,
    sieh Dein Volk, das sich jetzt dir geweiht hat;
    /: eine es, mach es bereit,
    führe es zum heil'gen Streit,
    dass Dein Unbeflecktes Herz bald triumphiert. :/

4. Schlägt uns einst unsre letzte Stunde,
    schlägt uns einst unsre letzte Stunde;
    /: Komme Du und säume nicht,
    komme Du und säume nicht,
    komme Du und führe uns zum Himmel hinauf. :/